本书的研究得到了四川省科技厅"应用基础类项目 的支持，项目编号：2019YJ0120、2019JDR0347

中国创业板 IPO 价格行为研究

肇启伟　著

中国金融出版社

责任编辑：吕　楠
责任校对：孙　蕊
责任印制：丁淮宾

图书在版编目（CIP）数据

中国创业板 IPO 价格行为研究／肇启伟著 .—北京：中国金融出版社，2021.6
ISBN 978-7-5220-1150-9

Ⅰ.①中…　Ⅱ.①肇…　Ⅲ.①创业板市场—股票价格—研究—中国
Ⅳ.①F832.51

中国版本图书馆 CIP 数据核字（2021）第 095993 号

中国创业板 IPO 价格行为研究
ZHONGGUO CHUANGYEBAN IPO JIAGE XINGWEI YANJIU

出版
发行　中国金融出版社

社址　北京市丰台区益泽路 2 号
市场开发部　（010）66024766，63805472，63439533（传真）
网 上 书 店　www.cfph.cn
　　　　　　（010）66024766，63372837（传真）
读者服务部　（010）66070833，62568380
邮编　100071
经销　新华书店
印刷　北京市松源印刷有限公司
尺寸　169 毫米×239 毫米
印张　11.5
字数　185 千
版次　2021 年 8 月第 1 版
印次　2021 年 8 月第 1 次印刷
定价　69.00 元
ISBN 978-7-5220-1150-9
如出现印装错误本社负责调换　联系电话(010)63263947

自　序

我国资本市场从沪深两市开设至今，已经形成了主板、中小板、创业板、科创新板、三板市场、产权交易市场、股权交易市场等多种股份交易平台，具备发展多层次资本市场的雏形。成熟的多层次资本市场，应当能够同时为各种规模的企业提供融资平台与股份交易服务。经过几十年的实践，我国证券市场逐步实现了规范化、有序化，在促进国企改革、推动经济结构调整和技术进步方面发挥了突出的作用。

我国证券市场的股票分为主板、中小板、创业板、科创板等。主板市场存在于沪深两家证券交易所，是开办最早、规模最大、上市标准最高的市场。中小板市场于2004年5月17日由深圳证券交易所承办，是落实多层次资本市场建设的第一步。中小板市场在理论上应当为处于产业化初期的中小型企业提供资金融通，使中小型企业获得做大做强的资金支持，在上市标准上应当比主板市场略低，以适应中小企业的发展条件。中小板在一定程度上是创业板的过渡。我国创业板历经十余年的筹备，于2009年10月在深交所正式设立，它的出现是我国证券市场发展的重要进步。与主板市场相比，创业板具有门槛更低、风险更大、监管更严的特质，旨在为科技型中小企业提供更为优质的融资平台，以及为创业风险投资提供主流的、稳定的和长期的退出渠道。作为一个孵化科技型、成长型企业的摇篮，创业板的出现完善了我国的资本市场结构，并对我国新一轮的经济增长起到了重要的推动作用。就创业板个股数量而言，从成立之初的28家增加到2020年底的895家，总市值超过10万亿元。创业板的产生与发展顺应了我国社会主义市场经济的发展，符合我国创新驱动发展战略的要求。

我国创业板市场与美国纳斯达克市场相比，上市制度、交易制度、宏观经济环境、投资文化等方面有所不同。我国创业板目前采用核准制，目的在于禁止质量差的证券公开发行，随着改革深化与市场发展，根据市场发展形势逐步推进注册制改革，是我国资本市场的改革方向，以发挥市场在资源配置中的决定性作用。2014 年 1 月 7 日，保监会发布通知，允许保险资金投资创业板股票，并将创业板与主板一起纳入保险资金投资股票的范畴，此举放宽了专业投资机构对创业板的限制，是对交易制度的完善，使我国创业板市场向成熟更进了一步。2014 年 11 月 19 日召开的国务院常务会议指出，要抓紧出台股票发行注册制改革方案，取消股票发行的持续盈利条件，降低小微和创新型企业上市门槛。2020 年 8 月 24 日，深交所创业板注册制首批企业上市。由此可以看出，注册制是未来的方向。从长期角度来讲，注册制有利于提高创业板乃至资本市场服务实体经济的效率，有利于投资者进行价值投资。

证券市场"三高"问题显著，创业板也不例外，即发行股价高、市盈率高以及超募比例高，这造成资金的供需错位，导致急需发展资金的企业望洋兴叹，使资源配置效率大打折扣。过分推高股票的市场估值，使之偏离企业的真实价值水平，不利于创业板市场的健康发展。信息披露机制不完善，致使投资者对于上市公司的盈利能力和发展潜力无法准确地了解和判断，进而产生过度狂热和跟风炒作的情况。由于投资者在申购过程中被冻结的资金能够带来巨大的利息收入，承销商很可能会通过路演和销售等各种方式吸引大量的申购资金。市场主体之间在 IPO 定价发行过程中存在着利益博弈，而股票发行方能够通过控制新股定价，选择对自身最有利的决策，使得创业板 IPO 定价出现扭曲的现象偏离了公司真实的内在价值。这些都不利于我国创业板市场的完善，对我国整个多层次的资本市场的有效性也将造成不利的影响。因此，研究创业板上市企业的 IPO 定价机制、定价效率、企业长期绩效等问题就显得尤为重要。

IPO 定价模型的选择是确定 IPO 价格的核心，在研究我国创业板 IPO 定价的过程中，需要充分考虑我国创业板的特征，合理的企业估值离不开选择合理的估值模型。目前，国内学者多数将 IPO 首日的抑价率指标作为衡量 IPO 定价效率的绝对指标。近年来，研究 IPO 定价效率的文献很多，但是专门针对国内创业板 IPO 定价效率的并不多见。国内学者通过对香港创业板的定量研究发现企业信息处理水平、企业经营时间和企业运营能力都会影响 IPO 定价效率；结合海外其他国家成熟创业板的发展模式得出了在我国采用固定价格机制与累计投票机制的结合机制能够有效寻找股票"内在价值"，提高定价效率。我国创业板成立后，学者们通过实证分析得出了中国创业板市场IPO抑价率较高的结论，中国创业板市场存在着数量众多的投机者，中签率和换手率最为显著的影响创业板IPO抑价现象。从二级市场的角度发现，投资者的投机泡沫与非理性的投资在一定程度上可以解释IPO抑价现象。在新股发行制度向注册制过渡的新时期，从承销商的角度切入得出承销商声誉、媒体信息和投资者声誉也能一定程度上解释IPO抑价现象。在定价模型方面，现有的IPO定价模型在反映企业价值上都存在一定程度的局限性。

企业价值的正确衡量对IPO定价发行具有核心的作用，对定价效率的影响也是最为重要的环节，因此对企业价值的评价仍存在许多改进的地方。在抑价现象方面，根据有效市场假说的二级市场的有效性和在首日的收盘价反映新公司的真实价值，学术界将较高的初始收益归为定价效率不高所导致。在定价效率方面，公司自身因素、市场因素、发行机制以及发行方式等均会影响IPO定价效率，而我国沪深交易所上市企业由于企业特征及上市规则等方面的不同，在IPO抑价与定价效率方面也存在差异。

目前，我国对创业板研究并没有深入到定价效率这一层面，大多数研究停留在理论研究与相关因素的分析方面，这就给本书提供了一个以现有的研究为基础进行深度探索创业板IPO定价效率等问题的契机。本书在研究中总结了现有文献中关于IPO发行定价机制和模型、IPO短期价格行为中，上市首日抑价现象及其原因和IPO长期价格行为中长期价格表现及其原因解释；回顾了境内外创业板市场IPO的基本情况和发行制度，并比较分析国内与国外发行制度的差异；基于随机边界分析法（SFA）对我国创业板IPO短期抑价进行研究，并比较了国内创业板与主板、中小板以及境外市场上市首日的抑价程度。就创业板IPO长期价格行为表现而言，基于日历时间采用超额异常收益（CAR）和购买并持有至到期收益（BHAR）两个测度研究创业板IPO的长期价格表现。因为对现有定价模型均存在一定程度的偏差认知，本书研究中提出了新的物元模糊定价模型，以期能改善并提高我国创业板市场IPO发行的定价效率。本书首先是从发行定价机制的角度讨论了如何提高现有的IPO定价效率，其次通过长期价格的角度衡量了定价效率，最后综合现有文献，结合长短期价格，提出了改进的基于物元模糊定价模型的IPO定价模型。

目前，我国创业板上市已经十余年的时长。虽然我国的创业板市场总体发展良好，但是在此过程中也逐渐显露出一些问题。从宏观层面来讲：上市标准过于严苛，排队审核过会时间过长等。从市场表现来看，创业板上市企业在 IPO 日均表现出了不同程度的炒作现象，这使得许多中小投资者由于剧烈的股价波动遭致损失深陷其中，由此也导致了更多的人开始质疑创业板市场的 IPO 定价机制和定价效率问题。因此，进一步研究创业板市场的定价机制，提高定价效率是迫在眉睫的现实问题，对提高我国资本市场的运行效率具有重大的意义。

目　录

1 绪　论 ……………………………………………………………… 1

  1.1 背景与意义 ………………………………………………… 1

  1.2 内容和方法 ………………………………………………… 3

  1.3 本书结构安排 ……………………………………………… 7

  1.4 创新点 ……………………………………………………… 8

2 文献综述 ………………………………………………………… 10

  2.1 IPO 发行定价研究：机制与方法 ……………………… 10

  2.2 IPO 短期价格行为研究 ………………………………… 16

  2.3 IPO 长期价格行为研究 ………………………………… 31

  2.4 文献评价 ………………………………………………… 41

3 境内外创业板市场发展的基本情况 ………………………… 43

  3.1 中国创业板市场发展的基本情况 ……………………… 43

  3.2 境外创业板市场发展的基本情况 ……………………… 57

  3.3 本章小结 ………………………………………………… 70

4 创业板 IPO 短期价格行为：基于 SFA 方法的抑价测度 …… 72

  4.1 IPO 上市首日的抑价衡量指标 ………………………… 72

  4.2 创业板 IPO 抑价程度测度 I：基于与境内主板、
中小板 IPO 市场间的对比测度 ………………………… 75

  4.3 创业板 IPO 抑价程度测度 II：基于与境外市场间的
对比测度 …………………………………………………… 84

  4.4 本章小结 ………………………………………………… 91

5 创业板 IPO 长期价格行为：基于 CAR、BHAR 和
日历时间组合的测度 …………………………………………… 92

  5.1 测度 I：累计超额收益率（CAR）方法 ……………… 92

5.2　测度Ⅱ：购买并持有超额收益率（BHAR）方法 ················· 98

5.3　测度Ⅲ：基于日历时间组合的 IPO 后长期绩效的测量 ··········· 103

5.4　本章小结 ···································· 118

6　基于客观物元模糊综合评价方法的创业板 IPO 定价效率 ············· 119

6.1　物元模糊方法应用综述 ························· 119

6.2　物元分析方法的简介 ························· 120

6.3　利用物元评价理论方法确定各因素权重 ············· 121

6.4　创业板 IPO 定价模型的构建 ···················· 122

6.5　创业板 IPO 定价模型的实例演示 ················· 129

6.6　本章小结 ······························· 139

7　研究结论与政策建议 ······························· 140

7.1　研究结论 ······························· 140

7.2　政策建议 ······························· 141

7.3　研究局限与不足 ··························· 144

7.4　下一步研究方向 ··························· 145

附　　表 ··································· 146

参考文献 ··································· 148

致　　谢 ··································· 176

1 绪 论

1.1 背景与意义

创业板是独立于中小板和主板之外的定位于中小型成长性企业的股票交易市场。它是中小企业特别是处于成长期、创新能力较强、发展潜力较大的新兴高科技企业的主要融资平台。在目前的全球交易所中，较为出名的创业板是美国的 NASDAQ。实际上，NASDAQ 也是经过了数十年的不断发展才达到了今天这样一个水平，其间也经历了多次的坎坷起伏。站在今天的时间点来看，可以这样讲，没有 NASDAQ，就没有美国的高技术产业。展望未来，以 NASDAQ 为代表的创业板市场仍将继续在全球科技创新和产业变革中发挥其积极而不可替代的作用，它们将会是第四次工业革命的有机组成部分。

历经十余年的筹备，中国版的"NASDAQ"——创业板于 2009 年 10 月在深圳证券交易所正式设立，开板当日上市的公司共 28 家。从我国创业板的开始设立到发展至 2020 年，整个创业板的收入在十余年的时间里持续稳定增长，业绩成长较为稳定，就创业板公司的平均营业收入规模而言，成立之初为 3.05 亿元人民币，到了 2019 年底达到 20 亿元人民币，累计增幅达到 655.74%。中国的创业板市场不仅给全社会的创新创业提供了一个有效的融资渠道，而且对于凝聚全球的创新要素，构建创新驱动发展的环境提供了市场基础。

虽然我国创业板市场总体发展良好，但是，在此过程中也逐渐显露出了一些问题。除了更加宏观层面的上市标准过高、排队时间过长之外，从市场角度观察，主要有以下几个方面问题：

（1）市盈率过高，市值超规模扩张的问题。根据深交所统计，截至2020 年 12 月，创业板市场平均市盈率为 67.36 倍，且在之后的交易中屡创新高，市值也跟随股价上升出现大幅、持续攀升情况。同时创业板 895 家上

1

市公司总市值达到 112955.92 亿元人民币, 平均市值达到 126.21 亿元①。尽管创业板上市公司具有高成长性、创新性特征, 但如此高的市盈率及高市值规模依然让市场感到有些"高处不胜寒"②。

（2）企业成长性及公司治理的问题。在成长性方面, 2019 年创业板企业营业收入同比增长比率大于零的企业仅占 62%, 比 A 股企业的占比情况低, 创业板企业的成长状况并不理想。除此之外, 创业板上市企业一般属于成长性企业, 首批创业板上市的企业大多成立于 20 世纪末和 21 世纪初, 至今不过十年左右时间, 因此企业的内部控制制度和治理结构不是很健全。据福布斯中文网报道, 中国家族企业上市扎堆创业板, 仅截至 2011 年 9 月 30 日, 在创业板上市的家族企业占当年上市家族企业总量的 44.6%, 创业板上市企业家族控制的特点较为突出, 这对现代公司治理和制度建设来说是较大的挑战。

（3）超募资金的使用问题。高溢价发行是创业板首次公开发行（IPO）过程中的普遍现象, 大量超募资金应如何有效使用, 虽然对此深交所作出了专门规定, 且大部分上市公司并未将超募资金使用于违规项目, 但依然应对将大量资金投入地产等非核心业务这类无益于核心业务竞争力提升的投资行为给予特别关注③, 也存在少数公司利用募集资金进行资本套利的现象。

（4）创业板上市公司高层管理队伍不稳定, 人员离职现象较为严重。王雨晨和卜腾锐（2015）研究了创业板市场中 420 家上市公司的情况, 发现高管离职现象较为普遍。样本中, 20.72% 的公司都出现过高管离职现象, 22.43% 的公司总经理和董事长都是同一个人, 并发现此种情况下, 高管离职的概率更大, 离职现象更为突出。

（5）信息披露及保荐（代表）人不尽责问题。如苏州恒久（300060）赖以生存的 4 项外观专利及 1 项新型技术专利到期日均未做充分披露, 而其保荐（代表）人也未尽责调查, 而且未对专利即将到期做必要提示等④。

（6）大股东利用内部信息、财务和资本运作信息的优势进行大幅度减持导致股价波动、投资者利益受损的问题。王国松和张飞（2016）采用事件研究法研究了 2013 年 3 月至 2016 年 3 月创业板市场公开披露的减持数

---

① 数据来源: http://quote.eastmoney.com/zs399606.html? from＝BaiduAladdin.
② 转引自: 深圳证券交易所（www.szse.cn）"中小企业板"专栏。
③ 根据 Wind 资讯整理。
④ 不包括因专利问题被中止上市的苏州恒久（300060）。

据，发现大公司减持的时机相当精准，在公告前时段明显获得超额收益，并向市场传递利空信号，使公司股价在减持后短期内明显下降。

创业板对中国资本市场的风险定价能力（Risk Pricing）①也提出了更高的要求。由于创业板市场上市的公司与主板和中小板不同，大多处于初创期，属于创业型企业，虽然成长性较强，但公司战略和经营层面的不确定因素也相对较多，对于这些公司的风险识别与定价自然比较困难。此外，目前在创业板上市的企业既有一般制造类企业，也有国家重点扶持的新兴产业领域的企业或服务类企业，无论是技术还是商业模式都具有明显的创新性特征。所以，传统的主要以企业过去的业绩来判定企业未来成长性并定价的方法基本不再适用，目前应用较多的企业估值方法，如现金流贴现、期权定价以及市盈率法等，都很难准确地度量上市公司的真实价值。这就要求必须对创业板创新型企业有新的、更加科学合理的估价方法。

从市场表现看，截至2020年底，创业板共有892家上市企业，这些企业在上市首日均出现了不同程度的炒作，使许多中小投资者由于股价的剧烈波动而深陷其中，也由此导致更多的人开始质疑创业板市场的IPO定价机制和定价效率问题。因此，进一步研究创业板市场的定价机制，提高定价效率，不仅对完善创业板市场的相关政策有一定的推动作用，更加彰显创业板市场的科学性、公平性与合理性，也能对创业企业的发行定价产生积极的指导作用，并通过一个高效率的创业板市场，推动全国的创新创业，推动科技的进步发展，推动产业的转型升级，最终实现经济的持续稳定增长，实现跨越"中等收入陷阱"并成功迈向高收入社会的目标。

1.2 内容和方法

本书围绕我国创业板上市企业发行新股的价格行为问题进行研究。

第一，总结了现有文献中关于IPO发行定价机制和定价模型、IPO短期价格行为中上市首日抑价现象及其原因、IPO长期价格行为中长期价格表现及其解释等方面。第二，回顾了境内外创业板市场IPO基本情况及发行制度，并比较分析了国内与境外创业板、创业板与中小板、主板的发行制度差异。第三，对创业板IPO短期价格行为进行研究，基于随机边界分析法

---

① 风险定价是指对风险资产的价格确定，它所反映的是资本资产所带来的未来收益与风险的一种函数关系。建立风险定价体系需考虑经营成本、目标利润率、资金供求关系、市场利率水平、客户风险等因素。

（SFA），比较了创业板 IPO 与主板、中小板、境外市场的上市首日抑价程度。第四，采用累计超额收益率（CAR）、持有超额收益率（BHAR）以及基于时间日历组合的长期回报测度研究创业板 IPO 长期价格行为表现。第五，基于对现有定价模型均存在一定程度的偏差的认识，研究提出了新的物元模糊定价模型，以期改善创业板市场 IPO 发行定价的效率。

本书采用文献分析与对比，随机边界分析法（SFA）、事件研究法、日历时间组合研究法等实证研究方法，以及基于模糊理论的理论模型等相关研究方法进行研究。通过文献梳理，对比了国内外 IPO 首日抑价现象、IPO 发行制度、IPO 定价机制与定价模型、IPO 长期价格行为等，发现中国创业板 IPO 定价还有很多需要改进的地方。本书研究中选用的 SFA 方法来源于生产函数，主要是描述投入与产出之间的动态关联，以谋求效率最大化，即在尽可能投入少的情况下如何得到更高的收益。类似于生产函数中的成本最优概念——随机成本函数，即考虑在产出既定的情况下最小的成本耗费边界。因此，本书基于 SFA 的方法，主要从资源有效配置的角度分析 IPO 抑价现象。事件研究法是依据研究目的选择事件，考察事件前后所选股票的收益率变化，从而考虑事件的发生对股票价格产生的影响，是一种有效的研究方法。本书基于事件研究法，使用累计超额收益率与持有超额收益率来比较创业板 IPO 上市企业的长期绩效，在此基础上，通过日历时间组合方法对距离日历事件时间段一定间隔内所有股票的 IPO 投资收益进行研究。本书所使用的物元分析是在层次分析法的基础上，为处理目的与条件不相容信息而构建的一种新方法。由此，本书最后利用基于模糊理论的模型提出了新的物元模糊定价模型。

以下是对本书研究内容和研究方法的进一步说明。本书研究重点放在我国创业板市场 IPO 的发行价格、首日收盘价格和长期市场表现三个方面及其相关的比较。IPO 价格行为既要考虑短期问题（如股票成功发行），又要考虑长远问题（如投资者收益）。本书对价格行为的研究主要是从 IPO 短期价格行为即上市首日抑价现象和 IPO 长期价格行为表现两个方向进行的。从短期看，IPO 价格行为应追求较低的抑价，发行价应尽可能接近投资者心理价位，以降低公司融资成本，否则，将会增加融资的机会成本。从长期看，价格行为应该是新股弱势不明显，发行价接近上市公司长期公允价值，以有利于股市长期健康发展。两种视角的差异在于：短期关注的是股票的成功承销和发行，更多的是站在融资者角度的考虑；长期关注的是投资者回报，更多的是站在投资者角度的考虑。然而，由于创业板上市公司具有高成长性和高风险性，由市场决定的反映"公司长期价值"的股价波动也相对更为剧烈，在公司真正成熟以前，公允价值的形成需要更长的时间来消化和反映，这就造成了创业板 IPO 的"短期"价格行为和"长期"价格行为更加难以平衡。从本质上讲，短期 IPO 价格行为，是资源合理配置的问题。IPO 抑价程度低，投资者热情较低，发行失败的可能性就会增加，资源将无法有效地配置到实体经济。IPO 抑价程度高，投资者热情较高，资金又会过度集中在一级市场，造成股票市场、资本市场的过度泡沫。长期 IPO 价格行为，是一个市场成熟度、市场深化程度的问题。本书研究 IPO 价格行为，主要以短期 IPO 抑价为标准，同时研究短期和长期估值高低的问题。IPO 价格的决定因素包括定价机制——市场如何形成价格、主体话语权的大小等，以及定价模型的选用——主体的心理价格如何形成，由于每个参与主体采用的定价模型都不相同，定价的方法与过程机制的设计就显得尤为重要。

本书在结论部分提出了相关政策建议：一是从进一步完善定价机制的角度如何提高效率？二是提出了基于综合视角的 IPO 定价模型，从定价模型的选择和改进的角度提升 IPO 的定价效率。对于定价效率的研究，通常只能选用短期或长期两个标准之一，不可能同时采纳短期和长期两个效率标准。在本书研究中，首先从发行定价机制的角度讨论如何提高 IPO 定价效率，其次从长期绩效的角度讨论 IPO 的定价效率，最后从综合的角度提出了改进的 IPO 定价模型。

本书对于创业板市场价格行为的研究，所选用的视角和衡量方法与以往的研究是不同的。本书研究中所界定的"价格行为"，重点落在"价格"这一本质上，而不是"确定"这一过程。价格是对资源配置的引导，价格的变化是一个长期的过程。基于 SFA 的方法是从生产函数的估计技术中发展起来的，用于描述生产过程中要素投入与产出之间的关系，即在投入一定的情况下如何获得更高的产出，从资源有效配置的角度分析 IPO 抑价。关于新股长期价格行为，即新股从发行到长期交易过程中的价格走势，讨论了 IPO 短期、长期估值的差异。

通过文献整理发现，IPO 抑价程度是在分析上市公司 IPO 价格短期行为时采用的主要研究参数。在本书研究中，IPO 发行抑价率是指新股上市首日的收盘价除以发行价，并以此来判断该上市企业的 IPO 发行抑价水平。在研究中，我们还采用了最早由 Aigner 等（1977）提出来的随机前沿的实证方法，该方法最初被应用于分析企业的投入产出效率等问题。随机前沿方法所使用的估计方法是极大似然估计（MLE），该方法是将一个非对称随机项结合到最小二乘（OLS）模型中，用于测量产出效率。由于新股定价是根据企业的经营业绩、行业前景、市场因素等综合确定的，因此，如果我们将随机前沿模型中的投入要素定义为影响新股定价的各种因素，产出定义为发行价格，那么，就能够通过模型得出最优的发行价格。价格制定中的效率损失，也就是价格被低估的程度则是实际的发行价格与模型得出的价格前沿之间的差值。在不存在系统性低估的情况下，发行价也就是完全信息条件下的有效价格再加上一个随机干扰项，因而，前沿（有效）价格也就可以通过最小二乘法来估计。在存在系统性低估的情况下，即发行价被有意识地压低，实际发行价低于有效价格，二者的差值等于截尾非负误差项和随机扰动之和，需要利用最大似然法进行估计。如果这样，我们就可以倒过来根据两种估计方法的结论来判断是否存在系统性偏差：一方面，对给定的发行企业样本，如果最大似然法和最小二乘法得到一致的结果，表明并不存在系统性低估，定价是有效率的；另一方面，如果两种估计方法得到的结果存在显著差异，就表明的确存在一定程度的定价效率损失。

从理论的角度来看，定价模型对于定价效率的影响是间接的，如果定价参与者没有充分考虑各个方面的影响因素，创业板 IPO 的定价效率就很难改变。但是，定价模型也是非常重要的，本书提出的综合定价模型是一种有益的尝试。

在分析影响企业 IPO 发行定价因素多种计量方法的基础上，本书采用了基于层次分析法的股票价值模糊综合评价数学模型。这种模型是模糊数学中比较常见的一种方法，本书结合我国创业板上市企业 IPO 中的某些特征进行了必要的改进。一般来说，考虑到影响新股价值因素的多样性，在对新股进行定价时，要对每一个因素进行分析，然后再综合所有因素做出一个评价。由于创业板 IPO 定价发行牵涉的影响因素很多，涉及面广、层次很多、结构复杂，难以利用模型进行精确化考虑。所以，运用模糊的手段来应对模糊问题，可以使得研究的结果更为真实与合理。

这一过程，需要考虑以下几个步骤：一是基于创业板上市公司找出作为备择的对象集；二是要确定指标集，即将创业板 IPO 发行定价的影响因素构建成一个集合；三是以重要性程度为依据赋予指标集中一级和二级指标不同的权数，本书中权重集是通过因子分析法得出的；四是要对客观评语集进行确定，本书对经典评语集的定义中，对经典模型进行了客观性改进；五是基于评语集模型导出基础评判矩阵；六是为了取得模糊综合评判矩阵，需要运用以矩阵乘法为主的数学方法，再根据评判矩阵的最终评价结果进行一系列推演；七是基于模糊综合评判结果与行业已上市的所有企业市盈率分位数集，得出 IPO 定价参考中值与定价参考区间。

1.3 本书结构安排

本书的研究逻辑是：①定价效率的界定。讨论定价效率的视角和范畴、内涵和意义。通过文献综述，将创业板 IPO 定价效率聚焦到 IPO 抑价和新股长期弱势两个研究问题上。结合本书对 IPO 定价效率的解释，分别从 IPO 的短期价格和长期价格的视角，理论和实证分析创业板 IPO 定价效率存在的问题。②结合对定价效率影响因素的分解，将定价效率的提升落实到定价机制的改进和定价模型的改进。通过对国内外 IPO 定价机制和发展变化的研究，提出定价机制的改进策略和政策建议，最后根据本书对定价效率的研究，提出基于物元模糊综合评价的改进定价模型。

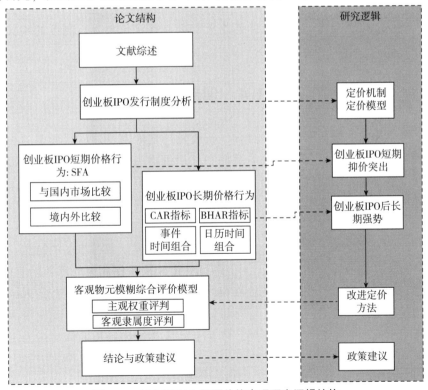

图 1-1 创业板 IPO 股票价格表现研究逻辑结构

本书的结构安排如下：

第一部分和第二部分是研究背景和概述部分。其中，第一部分概述了研究的对象、问题以及方法等内容。第二部分是文献综述，比较系统地梳理了近年来关于 IPO 发行制度、定价效率、企业 IPO 后绩效表现等相关问题的研究进展，在此基础上，引出了本书的研究内容及其相应的方法。

第三部分是对发行定价制度分别从纵向和横向两个视角的比较，以此说明决定 IPO 定价机制和效率差异的最重要的是制度因素。由于中国资本市场包括创业板市场整体上发展比较晚，不少方面都来自对其他国家和地区的借鉴，这一部分的目的也在于通过比较，为后文的分析提供更加具体的制度层面的支持。

第四部分和第五部分以创业板为中心，从多个方面对一些主要市场 IPO 发行定价和上市后的价格表现进行分析比较。其中，第四部分为短期的 IPO 价格行为的分析，第五部分是对 IPO 后较长时间价格变化特征的分析。

第六部分基于物元模糊综合评价模型，提出了新的创业板 IPO 定价模型。

最后，本书提出了我国完善创业板市场 IPO 定价与发行制度的相关政策建议。

1.4 创新点

本书研究的是我国创业板的 IPO 新股发行定价以及 IPO 后股票的长期表现，并根据创业板 IPO 股票的短期和长期价格表现及其影响因素，提出了一个基于物元模糊综合评价法的 IPO 发行定价方法，并对创业板相关行业随机选取的多家典型企业进行了实证分析。本书的创新点主要包括以下几个方面：

1. 研究视角多样化，结合我国国情，考虑我国创业板市场的特点，通过跨板块（创业板与国内主板、中小板）、跨区域（创业板与境外创业板）的比较来进行我国创业板 IPO 价格行为研究。在总结国内外已有的理论研究的基础上，对我国创业板与境外部分市场的 IPO 抑价情况、我国境内主板与中小板市场的 IPO 抑价情况，以及上市公司 IPO 后长期价格行为进行实证分析，更加全面清晰地反映出我国创业板自身的发行定价效率和定价机制等问题。

2. 研究方法创新，针对创业板企业 IPO 特性，本书创新性地将基于特定行业中已上市公司各指标分位数构建的客观评价方法，对现有的主观物元模糊综合评价模型进行了改进，在保留该方法对于分析多属性的复杂性、模糊性问题中具体独到定量分析方法优势的基础上，有效地克服了其主观性过强的缺陷，从而得到一种兼具理论意义与实践价值的客观综合定价模型，为创业板 IPO 定价机制的完善与改进提供了有意义的参考。

3. 通过采取随机前沿分析方法（SFA）进行研究，比较了我国创业板与主板、中小板和境外市场上市公司 IPO 发行首日抑价程度，研究得出我国创业板存在 IPO 抑价率过高的结论。

4. 采用累计超额收益率（CAR）、持有超额收益率（BHAR），以及基于日历时间组合的长期回报测度创业板 IPO 长期价格行为表现，通过对创业板和主板、中小板的更多样本、更长时间跨度的分析，验证了主板在 IPO 后 20~40 个月存在新股弱势现象，得出我国创业板 IPO 价格行为长期强势的结论，这与国内外研究中普遍发现新股发行长期弱势现象有所不同。

2 文献综述

创业板上市企业大多是处于企业发展的成长期高科技企业，它们兼具成长性较高、风险较高等特征。由于各方面条件限制，大多难以达到主板的上市要求，而相对监管更为严格，门槛相对较低的创业板市场正适合此类企业上市融资。但是对于我国的创业板来说，2009年才刚刚成立，属于较新的市场，针对IPO价格的相关理论研究与国际成熟创业板市场还有一定的距离。当前，我国学术界的理论研究主要集中在短期IPO抑价现象方面，即新股上市首日的发行价明显低于当日收盘的市场价，这种现象便诱导了大量资金流向一级市场，在一定程度上降低了资金的配置效率。IPO抑价现象正是反映了我国资本市场定价效率较低。

2.1 IPO 发行定价研究：机制与方法

2.1.1 IPO 发行定价机制

20世纪60年代后期以来，首次公开发行股票（IPO）已成为学术界的热门话题。IPO是企业上市融资的第一步，对企业长远发展具有重大的意义。而准确合理地定价能够帮助企业获得融资，帮助投资者参与到资本配置当中来，并保护他们长期参与的积极性，减少投机带来的风险，促进资本市场的良性运行。在IPO定价过程中，根据国内外经验，新股定价必须遵循四个方面的原则：第一，新股价格应正确反映企业的内在价值；第二，新股价格还应该反映出市场供需的情况；第三，新股定价应该遵循保护投资者利益的原则，减少投机风险，这无论对一级市场的投资者还是二级市场的投资者来说，都会影响到他们的参与积极性以及实际利益；第四，新股发行定价应该做到风险与收益相符，这也是创业板市场必须考虑的一个问题，即未来发展不确定性越高，收益的风险补偿应该越高。

IPO发行定价方法可以根据承销商（或发行人）在发行价格确定的时

间和承销商是否能够分配 IPO 股票分为固定价格（Fixed Price）、拍卖（Auctions）及累计投标（Book-building）三种基本类型，以及在此基础上形成的混合机制。

从 20 世纪 90 年代开始，全球许多国家的 IPO 定价机制从原来的固定价格与拍卖机制纷纷向美式累计投标机制转变，很多学者和专家对这种转变做了深入研究。Benveniste 和 Spindt（1989）认为美式累计投标机制下，承销商可以差别化地分配股票，这对于承销商建立与机构客户的长期关系非常重要，且可以更加方便地获取客户私人信息，这有利于降低 IPO 抑价的程度。Hauseh 和 Li（1993）构建了信息不对称条件下的拍卖定价模型，并且比较了三种定价机制在投资者之间的信息效应。与固定价格机制相比，虽然拍卖机制对于降低 IPO 抑价比固定价格发售机制有着更好的效果，但是投标者之间却可以通过一定手段实现"隐性共谋"，而累计投标制度则很好地规避了这个缺陷，破坏了"隐性共谋"，实现价格发现和信息收集。Benveniste 和 Busaba（1997）认为，在累计投标制度下，能够有效地降低信息收集成本，并使投资者有效降低"搭便车"行为的出现。Ma 和 Hong（1998）认为，最佳定价机制的选择还应该考虑股权控制，在拍卖定价下，其他投资者可能会得到相对于固定价格方式下更多的公司股权，进一步发展下有可能威胁到公司的控制权。而且，Ma 和 Hong（1998）认为公司的绩效会激起竞标人考虑公司的控制权，公司绩效表现越差，投资者就越会关注，甚至达到控制公司的目的。由此，Ma 和 Hong（1998）的结论基本上可以认为是：信息不对称较高、公司业绩较佳、不担心控制权变化的上市发行公司，往往倾向于选择拍卖定价作为其最优的 IPO 定价机制选择。马黛和胡得中（2003）在 Ma 和 Hong（1998）的基础上进一步指出：当公司发行股票的数量非常庞大时，发行公司则倾向于选择固定价格方式来发行股票，他们认为这个结论似乎可以用公共事业股票的发行来解释。

2005 年，中国引入了询价机制，杨记军（2006）在梳理固定价格、拍卖和累计投标三种 IPO 定价机制理论内涵的基础上，把中国实施的询价机制归类于广义上的累计投标定价机制，认为，询价制度改革能够降低 IPO 抑价率。随后，国内学者对询价机制的研究普遍发现询价制度的引入改善了我国 IPO 定价效率（张峥和欧阳珊，2012）。但是，也有学者发现询价机制运行中存在问题。李冬昕等（2014）认为，询价机构报价差异性越大、意见分歧越严重，一级市场 IPO 定价过高问题就越突出。初可佳和张昊宇（2019）通过划分中国发行机制改革各个阶段，分析 1992 年 1 月到 2017 年

12 月之间不同阶段中国新股发行定价表现，结果发现发行机制改革的不断完善对中国新股发行定价效率有显著的提升作用，其中，定价管制是导致中国资本市场新股发行定价效率低下的主要因素。随着注册制询价机制改革的深化，张宗新和滕俊樑（2020）进一步强调市场化的询价制度能够有效解除询价与定价的捆绑，推动新股发行价格在最大限度上实现对投资标的及时准确的价值判断。

此外，在 IPO 发行定价机制中，多种市场主体（分析师、承销商和媒体等）的参与逐渐引起广泛关注。陈健和贾隽（2014）认为，分析师盈利预测、行业市场估值水平和历史盈利增长对 IPO 发行市盈率具有显著的正影响。陈鹏程和周孝华（2015）研究发现，高声誉承销商为提高声誉以在未来获得更多的承销业务和收入，会对当期承销的 IPO 进行保守定价，在市场高估值时期倾向依据相对低的历史行业市盈率进行定价，在低估值时期会充分参考 IPO 上市当月的行业市盈率进行定价；低声誉承销商以最大化其当期承销收入为目标进行激进定价。接着，陈鹏程和周孝华（2016）又指出媒体的非负面报道能够提高 IPO 发行价，而负面报道导致了 IPO 发行价进行向下的调整。黄顺武等（2018）认为，赋予承销商配售权与引入个人投资者参与网下询价均有利于降低 IPO 定价，但是取消网下申购股票锁定期却提高了 IPO 定价。马超群等（2018）认为，IPO 发行普遍存在抑价和真实价值不确定的现象，这种现象会使得媒体报道影响新股发行定价的机制并不清晰，应努力减少信息的不对称，提高发行定价效率。Chen 等（2020）在全球范围内研究了媒体报道如何影响 IPO 定价，结果显示在 IPO 之前媒体报道更多的公司，其 IPO 初始回报率会降低，并且在财务报告质量较高、股东权利保护力度较大、媒体审查更加严格的国家，以及由信誉良好的中介机构"认证"的 IPO 中，这种影响将被减弱，而在媒体渗透和媒体信任程度较高的国家，这种影响得到放大。这一结果说明媒体报道能够减少投资者之间的信息不对称，从而减少 IPO 定价过低的现象发生。

2.1.2　IPO 发行定价模型

我国证券市场的询价运行机制是 2005 年 1 月确立的。我国的询价制与美式累计投标制度有着很大区别，具体来说，我国询价制是固定价格公开发售机制与美式累计投标制度的有机结合。我国在价格发现上与美式累计投标机制一样，即先征集机构投资者的价格，然后再综合确定最终的 IPO 价格。承销商能否得到投资者真实可靠的私人投资信息是我国询价机制中最为重要的，询价规则的设计方法又决定了能否更有效地激励投资者私人信息的真实披露。我国在确立了询价机制制度后，IPO 抑价现象并没有消除，进而我国很多专家和学者探究询价机制下的 IPO 抑价现象。杨记军和赵昌文（2006）在研究中发现，尽管询价机制下公司股票发行的成本会适当提高，即增加了询价成本，但是股票 IPO 抑价程度却得到显著的减少，从而既间接地降低了上市公司发行成本，又提高了股票定价的效率。张小成等（2008）对于询价机制下，研究了机构投资者和股票发行人之间的预期同质性与异质性对于 IPO 抑价的影响，他们通过利用行为金融和博弈论的研究，发现二者之间的分歧能够显著地影响到 IPO 抑价，而这种分歧的大小与抑价程度呈正相关，即二者分歧越小，IPO 定价往往越与真实价格一致，定价效率也才会越高。贺炎林和吕随启（2010）在文献中研究了我国 80 只 IPO 样本，这些样本是 2005 年到 2008 年我国 A 股市场中，累计投标询价发行的股票样本，文章研究了 IPO 询价过程中两个指标受到公共信息的影响，研究结果表明价格区间受到初步询价阶段和询价前公共信息的影响较为显著，这两个阶段也显著地影响了股票价格的调整。相比之下，累计投标阶段的信息并没有显著地影响到股票价格的调整。此外，海外学者研究认为价格发现和生产信息能够被机构投资者发觉，所以从这个角度来说，机构持股可以降低 IPO 抑价并能够维持其上市企业长期价格运行的稳定。李建标等（2013）建立了 IPO 定价机制的模型与二级市场的实验室和多级信息收集机制及实验，在这个模型中研究比较了三种 IPO 机制的市场反应、市场定价效率和 IPO 机制下的信息产生能力，得出了 IPO 定价机制通过抑价率来衡量并不完全准确。

所谓的 IPO 定价模型，就是使用合适的定量模型来计算股票的内在价值，得出的价格是股票的理论价格。IPO 定价模型经过多重改进，已经从最初的技术分析股票内在价值逐步发展到尽可能全面地分析内部和外部的综合因素，进而全面分析股票内在价值的阶段，并且引入多因素模型进行定量分析，以期确定股票更为现实的价值，股票定价理论的核心也正是这个过程。

在多种因素的共同作用下，未来利润的现值决定了上市企业 IPO 发行的价格，这些因素有宏观经济趋势、公司所在行业特点和公司本身运行特点等，所以确定 IPO 的发行价格并不容易。张道宏等（2001）在研究创业板 IPO 定价策略的过程中，认为创业板 IPO 定价应该充分考虑我国创业板不同于其他 A 股市场的特征，应选择市场化的定价方式以充分考虑市场带来的风险以及发展。IPO 定价过程通常有两个步骤：首先要选择已有的定量估值模型，分析企业内在价值以确定 IPO 的理论价格，然后再综合考虑市场前景、行业特征等外部因素，并且考虑市场需求情况，找到合理的发行机制以获取信息和价格发现，最终确定新股发行价格。而 IPO 定价模型的选择便是上述第一步中的核心，合理的企业估值离不开选择合理的估值模型。

1. 内在价值模型

1934 年，在《证券分析》一书中，投资大师格雷厄姆指出股票的"内在价值"是支撑股票价格的基础，这也是以后学者研究股票价格的重要理论基础。以此理论为基础，寻找确定股票内在价值一直是研究者重点关注的。现在，期权定价法、现金流量贴现法、经济附加值法和可比公司法是市场上比较具有影响力的四种常用的主流有影响力的 IPO 估价方法。

对于现金流贴现法的理解和应用，高波（2002）认为股权自由现金流量是企业支出所有经营性开支、所得税、投资开支和净债务支出后可分配到普通股股东剩余现金流，而公司的自由现金流量是相对公司整体资本角度来考虑的现金流量，这个现金流量是所有投资者可以根据相关规定拿到的现金流量。薛明皋和李楚霖（2002）在研究现金流问题时，建立了实务期权定价方法与动态规划的思想相结合的模型来得出公司价值，文献中采用了举例的方法解释了亚马逊公司的分析解决方案。房四海和王成（2003）建立了一个假设企业未来可增长价值就是企业的价值，以这个假设为依据，作者构建了模型三随机参数下的创业企业复合实物期权定价模型。这个模型不仅可以实证检验创业企业的定价，还可以研究寡头在共谋或者竞争情况下创业企业增长机会的定价。李永强（2004）比较了资产法、可比公司法和现金流贴现法三种 IPO 定价方法，他的研究表明现金流贴现法对于企业未来收益现金流有着更精准的估计。但是，这种方法难度较大，高科技企业由于不确定性高、成长性好等特点，对于未来现金流往往难以准确估计，现金流贴现法的应用范围受到了极大的限制。相对而言，实务期权理论对于这类高科技企业进行估算实际价值更为可靠，一方面，由于大多数高科技企业成立时间不长，处于企业周期的前端，无太多历史数据，这就意味着资产法估值难以运用；另一方面，传统的方法并不适合创业板高科技企业的估值，运用可比公司法必须找到一家成熟的公司来横向比较，高科技企业本属于新兴行业，找到合适的公司比较困难，高科技企业的估值也很难应用可比公司法进行。而吴晓霖和蒋祥林（2005）则认为创业板高科技企业的特征以及所处经济环境与普通上市公司不同，价值创造模式也具有独特性，因此需运用更为创新的价值评估模型来衡量创业板高科技公司的实际价值。何应龙和田益祥（2006）则构建了半参数模型的估算模式，通过对于数据分析和模型的推算，利用实证数据得出了在半参数模型的估算模型中，我国股票发行定价是具有有效性和合理性的。谢志超等（2006）对股票发行价格进行了相关研究，他针对我国的高科技企业估值研究运用了比较定价法，得出了采用比较定价法来估算高科技企业估值具有一定的局限性。杨海军（2006）在研究中充分考虑了高科技企业未来收入不确定性较高这个情况，运用期权定价理论，得出了传统的定价方法对于研究高科技企业估值的问题并不合适。

2. 证券组合定价模型

Marschak（1938）与 Hicks（1946）在研究中首次提出一个重要的概念——风险溢价，作者是基于风险资产投资与"大数定理"有效结合而提出的。Harry Markowitz（1952）在其发表的《证券组合选择》文中第一次提出了证券组合定价理论，这种理论强调要以多种股票为分析对象。通过将方差作为衡量风险的指标，以此建立能够把抽象的风险量化的均值方差模型，同时解释了如何确定证券收益与风险水平的主要原理和方法。正是由于该模型的建立，现代证券分析理论开启了新时代。之后，Markowitz 的学生 William Sharp 在老师所提出的证券组合理论的基础上进一步进行了研究，提出了具有划时代意义的资本资产定价模型（CAPM）。Sharp（1963）首先假定两种证券的收益或价格具有一定的相关性，尝试使用实证的方法寻找对证券价格有较大影响的相关经济因素，并在此基础上，试图找到能够以精确的量化方法来评判证券价格对这些因素的敏感程度。Ibbotson（1975）为了研究 IPO 抑价现象，把资本资产定价模型引入研究中得出：IPO 抑价可能是发行者故意折价造成的，因为作者发现即使二级市场非常有效，新股发行依然会有高达 11.4% 的收益，这些收益是超额收益。但是总体来说，资本资产定价模型假设条件比较严格，大多学者在研究中进行实证检验时需要对其假设条件进行必要的调整，否则在实际运用中会造成诸多不便。Ross（1976）提出了套利定价模型，这个模型是假设完全竞争市场中套利的机会完全消失。套利定价模型是一个线性模型，解释变量是选用通货膨胀率，总体经济活动和利率等作为指标，然后使用特定的方法找出一些因素的线性组合来拟合定价模型，以此来表示资产收益。这个模型由于较为简便化、系统化地发展了证券组合理论定价模型，从 20 世纪 80 年代以后，它逐渐被关注并推广，逐步发展为主流的西方定价理论。

2.2　IPO 短期价格行为研究

2.2.1　上市首日的抑价现象

新股发行抑价（Underpricing），是指新股发行价低于其上市首日收盘价的现象。自 20 世纪 60 年代开始，国外学术界就对新股发行抑价的问题展开了各项研究，一直持续至今，因此关于这方面的研究都相对比较成熟。Reilly 和 Hatfiled（1969）分析了 1963 年 1 月至 1965 年 12 月为期两年间在美国股票市场上市的 53 家 IPO 的基本情况，结果发现这 53 只股票的平均首日回报率达到了 9.6%，远远超过了同期美国股票市场的基准收益率。Ibboston（1975）则使用 CAPM 模型，分析了 1960 年 1 月至 1969 年 12 月为期十年的 120 个 IPO 样本，结果发现这些股票上市一个月后的累计超额收益率达到了 11.4%，并且在这十年内一直存在着持续的超额收益。此后，IPO 发行抑价便成为国外学术界一个热门话题，许多的学者围绕这一问题进行了大量实证研究。周孝华和熊维勤（2007）研究结果显示，无论是发达国家成熟市场还是发展中国家新兴市场，都普遍存在着显著的新股短期发行抑价现象。黄顺武等（2017）基于创业板样本股也同样得出发行价格与首日交易价格均存在明显的被高估的情况，而且股票流通市场的溢价效应远大于股票发行市场的抑价效应。而从总体来看，通常发展中国家新兴市场 IPO 短期抑价程度平均在 40%~60%，明显高于发达国家成熟市场的平均 15%~20%。尤其在现阶段中国资本市场中，监管当局为了保护投资者的利益，从严制定的定价管制政策直接限制了 IPO 发行价格的上限，从而导致中国资本市场上 IPO 抑价现象更为严重（方先明和张若璇，2020）。值得关注的是，周仕盈和杨朝军（2019）发现中国目前实施的新股首日涨幅限制政策同样导致 IPO 抑价率进一步提高，证据显示中国的 IPO 抑价现象与中国炒新问题本质上是相辅相成的。

Stoll 和 Curley（1970）提出通过测量 IPO 发行价与上市首日收盘价之间的偏离程度来衡量 IPO 的抑价程度，偏离程度越小，说明越多的资本进入到二级市场，流入到实体经济，并以此为标准衡量 IPO 定价效率。这也是目前国外学者用于衡量 IPO 定价效率应用得最多的标准。但是 Ritter（1980）研究发现 IPO 首日收盘价可能与其内在价值出现系统性偏差，而这种情况可能是由投资者对市场前景过度乐观所导致，于是在研究过程中就可能会出现将二级市场股票价格被高估误解为一级市场定价低效。此外，对于用新股首日收盘价与发行价之间的偏离程度来衡量 IPO 定价效率这一观点，也有的学者持不同的态度，认为仅以此衡量定价效率并不完全妥当。例如，McChesney（1987）认为 IPO 定价效率还要受到政府或相关组织的影响，因为它们可以利用权力对市场进行干涉，导致经济租金的形成，为某些市场参与者形成寻租的机会。这种情况也可能会导致二级市场的股票价格与其内在价值的偏离。事实上，IPO 定价发行也会受到资本市场特征的影响，发展中国家的新兴资本市场由于其自身发展状况、发行制度和政府管制等因素，相对于发达国家的成熟市场来说，会对 IPO 定价产生更多的系统性影响。在之后国外学者对 IPO 发行定价效率的深入研究中，Loughran 等（1994）认为股价应该能够完整地反映公共信息，但经过研究发现事实并非如此，这表示承销商为了获取信息支付了"抑价成本"。Loughran 等（1994）提出了远景理论来解释这一现象。IPO 定价所采用的询价机制是目前应用最广泛的，这种制度通过收集"知情投资者"的私人影响股价的信息作为定价的重要参考，从这个层面来考虑，研究人员研究 IPO 定价效率时开始转向 IPO 的信息效率角度。Morck 等（2000）在研究中提出利用市场收益来解释个股收益，解释程度为 R^2，得出如果解释值 R^2 越小，则表明市场收益对个股收益的信息特征就越高；但是，新兴市场中个股的特质信息与市场之间的关联并没有那么强，相对于成熟市场来说含量不高。Edelen 和 Kadlec（2002）则在 Loughran 等（1994）的基础上提出了发行者剩余理论对其进行解释。Lowry 和 Schwert（2004）的研究表明公共信息可以免费获得，而且其价值将完全进入到股票价格中，这不同于机构投资者所掌握的私人信息，所以在 IPO 定价中，公共信息的多少直接决定了其定价效率的高低，Benveniste 和 Spindt（1989）设计询价的目的也正是为了验证这个结论。徐光鲁等（2018）也强调了信息披露在 IPO 过程中的重要作用，他们以 2009 年 6 月至 2016 年 11 月在深圳主板上市交易的 593 家 IPO 公司为样本，指出信息披露与 IPO 首日发行抑价率负相关，披露的信息即公共信息降低了一级市场定价的偏离程度，从而对 IPO 抑价程度产生负向影响。而 Barber 和 Odean（2008）指出，媒体报道是绝大多数投资者获取信息的最便捷的路径。因此，发挥媒体的公共信息作用，对 IPO 定价的效率具有重要影响。黄宏斌等（2017）认为，媒体在向投资者传递信息过程中发挥了关键作用，而投资者大多依赖于简化新闻。之后，Mumi 等

（2019）发现社交媒体包括粉丝数量和转发量也会影响 IPO 定价，强调了社交媒体在 IPO 发行时的重要作用。汪昌云等（2015）以 2009—2011 年沪深和创业板的上市公司为样本，研究结果表明 IPO 公司积极的媒体信息管理可以提高 IPO 新股定价效率。王木之和李丹（2016）关注了"IPO 有偿沉默"现象，认为上市公司媒体公关费用越高，被曝光的负面新闻也就越少，这一反比例的现象，严重影响资本市场的有效配置。马超群等（2018）以 431 家 IPO 公司作为研究样本，实证研究发现上市前媒体报道与 IPO 首日收益率的相关性并非仅由发行定价的抑价造成，而是由发行定价的非有效性造成。黄顺武和余霞光（2020）以发行人、保荐人和监管者为主体的三方演化博弈模型，研究发现，媒体曝光率显著影响企业的 IPO 信息披露质量。因此，在 IPO 发行过程中，应正确合理地利用上市前媒体报道信息，提高发行定价效率。Arora 和 Singh（2020）以印度等新兴市场国家的中小上市企业为样本，研究了承销商声誉对中小企业 IPO 的影响，证据显示承销商的良好声誉能够显著缓解中小企业 IPO 抑价。

除此之外，还有其他一些学者，尝试从不同方面来定量地估算 IPO 定价效率。例如，Purnanandam 和 Swaminathan（2004）尝试将 1980 年至 1997 年共 2000 只 IPO 进行估值和分解，使用的方法是以可比公司估值水平作为基准，并且将结果分为高估值组 IPO 和低估值组 IPO。结果表明超过一般的 IPO 样本均表现出估值过高的问题，并且这些被过高估计的 IPO 还伴随着超额初始收益以及新股长期弱势的现象。Gao（2010）则采用与上述同样的方法对 2006—2008 年在中国上市 IPO 的定价效率进行了定量估算，通过分析估算的结果发现，中国股市 IPO 定价效率是由两个方面的因素共同作用，即二级市场的错误定价和发行方有意的折价行为。而 Zheng（2011）认为不应该使用企业上市前一年的盈利水平衡量 IPO 定价效率，否则很难对股票进行准确估值。因为 IPO 前后企业的盈利水平以及估值水平一般存在较大差异，而股票的真实价值应该由未来现金流以及投资机会决定。随后，其选取未来现金流和负债，用于修正企业可比估值水平，结果发现 IPO 估值过高和长期弱势现象消失。Gao（2018）研究了机构投资者报价和 IPO 定价之间的相互联系发现，机构投资者平均买入价更高，随后 IPO 的卖出价则更高，而首日公开发行的回报率较低，反之则相反。而 Ong 和 Mohd-Rashid（2020）的研究认为，机构投资者发挥信号作用向外部传达公司的质量信息，能够在更大程度上实现这些公司的 IPO 定价接近真实的内在价值。

目前，国内学者大多将 IPO 首日的抑价率指标作为衡量 IPO 定价效率的绝对指标。冯冠和周孝华（2019）把中国新股发行市场化改革分为三个阶段，包括 2004 年到 2009 年的改革准备阶段，2009 年到 2013 年的改革初步实施阶段和 2013 年至今的 IPO 市场化定价阶段。其中，第三阶段在供给侧结构性改革的背景下，新股发行速度加快，证交所限定了 IPO 首日涨跌幅，因此以首日涨跌幅衡量抑价率的方法不再适用于第三阶段。在此基础上，他们提出了采取扩大窗口期的解决方法，即根据公司上市后的累计收益为基础计算抑价率。此外，多个研究采用基于随机前沿函数，构造 IPO 定价效率评价指标 EFF 值来反向衡量 IPO 抑价程度（陈训波和贺炎林，2013；胡志强和庞一帆，2019）。

发行制度与定价效率关系方面。李险峰（1997）认为，我国新股发行审批制导致股票市场形成严重供不应求的局面，以至于 IPO 首日收益率普遍达到 200%左右。王晋斌（1997）通过研究 1997 年上半年在上海证券交易所上市的 52 只 IPO 的超额初始收益率与企业规模、发行规模、发行方式、经济环境以及中签率等变量之间的相关性，试图找到影响我国新股超额初始收益率的因素，结果表明这些变量均与其没有显著的相关性。我国新股超额初始收益率可能是由发行审批制和发行市盈率定价机制等制度因素引起的，这也可能是造成我国 IPO 定价效率不高的原因。1999 年，我国新股发行制度由审批制改革为核准制。高敏（2006）通过研究认为，核准制实施后，我国 IPO 抑价程度逐年下降，并且承销商在 IPO 定价过程中的作用越来越重要。2013 年，证监会《关于进一步推进新股发行体制改革的意见》中，提出 IPO 注册制改革的课题，我国新股发行制度由核准制向注册制过渡。陈见丽（2015）提出相较核准制发行制度，注册制将"审核"交给市场，促进 IPO 的合理定价，定价效率会更高。况昕（2016）在经济新常态时提出注册制改革有利于提高直接融资比例，优化社会融资结构，但是过渡的方式应该以稳健为主。Chen 和 Wang（2018）以 996 家中国 IPO 公司为样本，研究了"直接投资+赞助"模式下 IPO 定价效率的影响。高敬忠和杨朝（2020）检验了我国 IPO 发行制度改革的作用发现，从短窗口的 IPO 定价效率来看，IPO 发行制度改革有效提升了我国 IPO 定价效率，并且盈余管理在这一过程中起到了显著的中介作用；但从中长期窗口来看，IPO 定价效率随着改革进程逐渐降低，这一现象在不同市场化程度的地区，以及牛熊市期间的表现存在差异。

定价机制与定价效率关系方面。毛立军和李一智（2004）使用不完全博弈模型全面解析了在我国股票市场使用的固定价格发行机制，结果发现固定价格发行定价效率过低，并提出我国应该逐步改变新股发行定价机制，转换为定价效率较高的累计投标询价和竞价方式。我国新股发行定价机制于 2005 年开始实行询价机制。杨记军和赵昌文（2006）在研究询价机制时发现询价机制虽然要付出一定的询价成本，与此同时 IPO 定价的抑价水平却被显著地降低了，这也间接地降低了企业成本，提高了企业股票的发行效率。李景（2008）通过实证研究表明，我国实施询价制度前后相比，新股发行市盈率更加接近行业平均市盈率，申购中签率显著提高，但超额初始收益率却并没有显著降低，抑价现象依然很严重。2009 年，我国新股发行的制度经历一次较为彻底的改革。贺炎林和吕随启（2010）研究时选取了 80 只样本股票，它们都是通过询价发行的沪深交易所股票，研究表明初步询价和询价前的公共信息对股票发行价格有着显著的影响，从而提高了定价效率，但累计投标询价阶段的公共信息对新股价格调整没有产生显著影响。宋常和张宏宇（2012）通过回归建模的实证分析，认为经过 2005 年和 2009 年两次股票发行制度的重大改革，我国的 IPO 定价效率明显提高，其抑价现象显著降低，个股特质信息量在 IPO 发行价格中逐渐提高，不足之处是承销商声誉机制的作用没有很好地体现出来。与之相反的是张小成等（2012）比较分析了不同的发行定价机制下的 IPO 抑价，发现询价机制并不能消除 IPO 抑价，却有可能造成高抑价。俞红海等（2013）指出，机构竞争并不能代表定价效率的提高，反而造成定价的无效率，导致中国目前形成高超募、高市盈率、高定价的三高现象。胡志强和赵美娟（2016）研究发现随着询价机制的市场化改革加深，IPO 抑价程度逐渐减弱，说明市场化询价机制改革逐渐显露成果。宋顺林和唐斯圆（2016）研究了投资者情绪和承销商在 IPO 定价过程中的作用，随后宋顺林和唐斯圆（2017）从定价管制角度进行研究，定价管制不利于二级市场对新股进行合理定价。董秀良等（2020）以注册制下的科创板上市公司为样本，采用随机前沿模型对新股定价合理性进行检验，发现科创板的发行价格不仅不存在抑价问题，反而相对公司真实的内在价值存在明显的高估问题，并且非理性投机现象严重，导致二级市场价格泡沫和新股发行过高。说明在当前中国资本市场上，金融中介和发行人的定价能力、自我约束以及市场投资者的成熟程度仍然存在较大欠缺。

近年来，研究 IPO 定价效率的文献很多，但专门针对我国创业板市场研究 IPO 定价效率的并不太多。赵俊强等（2006）通过对香港创业板的定量研究，用价值不确定性、总市值、经验年限、日收益率标准差、承销商市场份额、上市前20个交易日买进持有收益率、风险企业以及四大会计师事务所的虚拟变量等来衡量企业的抑价水平，得出了其IPO定价效率不高的结论，同时，赵俊强等（2006）认识到企业信息处理水平、企业经营时间和企业运营能力等都会在一定程度上影响IPO定价效率。蔡文明（2008）多层面、系统地分析了当前主流的IPO定价机制，结合海外成熟创业板的运营经验与发展趋势，对IPO定价机制进行了详尽的优缺点分析，得出了固定价格机制与累计投标机制的结合机制能够最为有效地寻找到股票的内在价值，降低IPO抑价现象。

我国创业板于2009年成立后，针对我国创业板的IPO定价效率研究的学者逐渐增多，得出越来越多的结论。张玉林（2009）探究了我国创业板的功能定位和基本情况，同时与国外成熟创业板IPO定价机制做了深入对比，结合创业板市场的特殊性，得出了投资者认购限制和权限应当依据投资者背景的不同而设立，作者在研究中还提出了适用于我国IPO企业估值的"市盈率增强定价模型"。郑红梅和赵红岩（2010）得出了我国创业板IPO定价时，发行人没有故意折价来抢占市场，文中使用了随机前沿的研究方法，样本取自2009年深交所第一批上市的企业，共计28家。陈悦（2011）实证分析了我国创业板的定价效率，发现二级市场对定价效率有着显著的影响，我国中小板效率略高于创业板。龚光明和田源（2016）利用创业板2009—2015年上市公司数据研究发现一级市场上风险资本持股比例能显著削弱IPO定价效率，并且一级市场上风险资本的声誉越高，IPO定价的效率越高。

在此基础上，大量研究发现了我国创业板市场上严重的IPO抑价现象。叶刚（2010）对中国创业板上市公司抑价现象进行了实证分析，得出中国创业板市场IPO抑价率较高的结论，并且认为IPO抑价现象受到公司成立年限、发行申购中签率、总股本、新股上市首日换手率八个因素的影响。类似地，尹龙杰（2010）采取规范分析与实证研究相结合的方法，系统地阐述了创业板50家公司IPO抑价问题，得出了中国创业板市场存在数量众多的投机者，中签率和换手率最为显著地影响着创业板IPO抑价现象。许玉瀛（2011）在研究中使用实证分析的方法，对我国创业板运营一年来的影响因素进行了分析，得出了我国创业板市场平均IPO抑价率为52.79%，这个数字纵向来看有所提高（相较于IPO改革前的定价效率），但是横向比较发现我国IPO定价效率还有很大差距（与发达国家成熟的创业板市场相比）。蔡艳萍和何燕花（2012）通过研究得出了我国二级市场投资者的投机泡沫与非理性的投资可以解释创业板 IPO 抑价现象。在新股发行制度向注册制过渡的新时期，李滔（2017）从承销商角度切入，通过研究我国创业板市场上 2014—2016 年上市公司的承销商声誉对 IPO 抑价水平的影响，认为承销商声誉的高低能部分解释 IPO 抑价的情况。宫俊梅和姚梅芳（2018）指出创业板目前 IPO 定价效率不高，而且存在超高的 IPO 抑价，风险投资会对创业板 IPO 抑价存在一定的影响。伍文中和高琪（2018）进一步考察了不同类型风险投资参与对创业板企业 IPO 抑价的作用，结果发现有风险机构参与的公司 IPO 抑价程度更为严重，联合风险投资导致 IPO 抑价程度降低，而外资风险投资机构使 IPO 抑价程度更高。Wang 和 Wu（2020）关注了风险投资的政治关联对企业 IPO 的影响，他们发现与具有政治关系的风险投资支持的公司相比，具有政治关系的风险投资支持的公司 IPO 抑价现象更加严重。此外，为了缓解我国居高不下的 IPO 抑价率，证交所对 IPO 新股上市收入涨跌幅进行了限制，潘胜文和吴川东（2020）却发现这种限制行为反而加剧了创业板 IPO 抑价程度，助长了投资者的投机行为。

此外，一些学者从其他角度探讨了中国创业板的定价效率及其影响因素。比如，王澍雨和杨洋（2017）从 IPO 破发的视角出发，以 2009—2013 年破发的股票为样本研究中国创业板 IPO 定价效率，发现定价效率低下的原因主要来源于一级市场定价的系统性偏高和二级市场的低迷和投资者悲观。罗琦和伍敬侗（2017）采用 IPO 首日超额收益衡量定价效率，通过双边随机前沿模型检验发现，创业板新股发行价明显高于公司的内在价值，这是由于一级市场的投资者过于关注导致市场定价泡沫，上市首日的超额收益较高。张劲帆等（2020）研究了 IPO 限价发行规定对 IPO 定价效率的影响，结果证明创业板市场存在较强的"弹簧效应"，即限价发行虽然能够在一定程度上解决新股发行价过高的问题，但是会引发二级市场价格扭曲严重，最终导致股票回报率长期低迷。

2.2.2 IPO 抑价现象的解释

Reilly 和 Hatfield（1969）首先指出了新股发行的抑价现象，他们基于 1963—1965 年 53 家美国上市公司的数据，发现上市公司的平均初始收益率为 9.6%，明显高于随后的市场回报率。在此之后，越来越多的研究者开始从事这方面的工作。他们报告了新股发行第一天的收盘价往往高于发行价，这种初始回报较高的现象几乎存在于所有的国家，通常被学术界称为"IPO 抑价"。例如，根据 Ritter（1984）的研究，从 1960—1982 年 1028 家美国首次公开发行的股票的初始收益率是 26.5%。Ritter 和 Welch（2002）也指出，从 1980—2001 年 6249 家美国首次公开发行的股票的初始收益率是 18.8%。除了美国，抑价的现象在其他国家也常常发生，Pettway 和 Kaneko（1996）的研究指出，日本 1981—1993 年的初始回报率是 49.5%。

IPO 抑价的广泛存在激发了大量理论和实证研究试图解释为什么新股如此被低估。IPO 抑价程度常用新股上市首日超额收益来衡量，即采用收盘价与发行价的差值来表示，从公式来看，导致 IPO 抑价的原因可能是收盘价过高，或发行价过低，或是两者共同引起。

（一）基于信息不对称理论的解释

信息不对称理论是 IPO 相关研究中最早提出、也是最为核心的理论。IPO 发行中有三类主要的参与方：发行公司、承销商和投资者。IPO 发行过程中的信息不对称也主要是指这三类参与人之间及其内部的信息不对称。信息不对称模型的基本假设是，这些当事人比别人了解更多的信息。

1. 发行人为信息优势方

Ritter（1984）、Beatty 和 Ritter（1986）的研究指出，如果投资者都比发行人掌握更少的信息，他们会要求更高的收益作为其有关上市公司的真正价值的不确定性补偿。对于那些在二级市场上迅速成长的股票，它比那些价格下降的股票更有可能被超额认购。投资者往往会发现，相对于价格下降的股票，在价格上涨的股票中更容易获得收益。面对这种"赢家的诅咒"，寻求最大收益的投资者只会在 IPO 被低估时进行认购。并且，抑价幅度直接关系到事前价值的不确定性，事前的不确定性增加，"赢家诅咒"问题将加剧。因此，对于具有更大的事前不确定性的上市股票，投资者将要求更高程度的发行抑价。Beatty 和 Ritter（1986）测算了在 1981—1982 年首次公开发行的 545 家企业的初始收益率，结果发现初始收益率和事前的不确定性之间存在着正相关关系。

Ellul 和 Pangna（2006）指出，投资者要求的将不仅是在 Rock（1986）的模型中提到的企业的基本风险和不利选择成本的补偿，而且要求对二级市场的流动性风险可能导致的 IPO 后的信息不对称进行补偿，特别是对那些炒新者。根据 1998 年 6 月和 2000 年 12 月期间在伦敦证券交易所上市的 337 家公司的数据，Ellul 和 Pangna（2006）发现，流动性风险是 IPO 抑价的决定性因素，这一结论在控制其他解释 IPO 抑价的传统因素依然成立。

因此，那些预期将更缺乏流动性的股票，或有较高的流动性风险的股票，更容易被低估。

另一种观点是基于发行者和投资者之间的信息不对称理论的信号理论。据 Welch（1989）、Allen 和 Faulhaber（1989）、Grinblatt 和 Hwang（1989）的研究，发行人知道更多关于公司的质量的信息。为了区别于其他低质量的公司，高质量的公司往往采用较低的发行价作为向投资者发出的信号。那些高质量的公司知道这种抑价发行行为不能被那些低质量的公司模仿，因为只有高质量的公司可以在之后交易中弥补损失。这种解释和 Ibbotson（1975）的研究结论是一致的，他指出上市的股票被低估是为了"在投资者的嘴里留下不错的味道，以便未来来自同一发行人的承销能够以有吸引力的价格出售"。使用 1028 家公司的数据，Welch（1992）也指出，1977—1982 年约三分之一的上市发行人已补发相当数量甚至达三倍的原始股股权。Reuer 等（2012）在信号理论的研究基础上进一步解释 IPO 抑价现象，他们发现由于承销商与投资者之间所知的信息不是完全对等的，通过减少对承销商的折价能够提高发行人的收益。张飞和周孝华（2020）把招股书模糊信息视作发行人传递给投资者的模糊信号，发现招股书的模糊信息增加了信息不对称程度，从而导致更高的 IPO 抑价水平。

Smith 和 Booth（1986）提出了认证假说，发行人可以选用声誉较高的承销商，披露更多的真实信息比隐藏公司真实信息更符合发行人的利益，声誉良好的承销商也释放了公司质量较好这一信息，所以发行人通常考虑采用市场上信誉较好的承销商。市场中，发行者和投资者并不是直接联系的，而是通过承销商这个中介进行连接，许多研究表明承销商的选择会影响到 IPO 的抑价水平。经过对比分析，高声誉的承销商会降低新股被低估的概率。Carter 和 Manaster（1990）通过研究分析了 501 个上市公司的股票样本（1979—1983 年），得出了如果选择高声誉的承销商可以降低发行风险，降低股票被低估的概率，使股票价格更接近其内在价值。Tong 和 Wong（2020）以香港股票市场为样本，发现保荐人的声誉在解释香港股市的 IPO 抑价和初始收益波动时十分重要。王化成等（2020）考察了证券公司自身上市是否会影响其保荐的上市公司的 IPO 市场表现，结果发现对于上市的证券公司，其保荐的公司在 IPO 时表现为更低的抑价率，并且这种表现在信息质量较差的 IPO 企业中更加明显。

2. 部分投资者为信息优势方

不仅在投资者与发行者之间存在信息不对称的现象，在投资者之间，也存在某些投资者比其他投资者拥有更多的公司的真正价值的相关信息，所以这部分投资者往往都只购买那些被低估的股票。一旦质量较差的股票被发行，那些消息较为"灵通"的投资者就会退出市场，剩下的投资者往往在不知情的情况下参与，并将面临"赢家诅咒"。所以，为了弥补不知情的投资者的损失，发行人在新股发行时一定会进行折扣定价。

相比 Rock（1986）的模型，Beveniste 和 Spindt（1989），Benveniste 和 Wilhelm（1990）以及 Spatt 和 Srivastava（1991）等人则把抑价看作对消息灵通者的补偿，那些消息灵通的投资者通过累计投标过程，知道更多的需求信息。为了补偿这种信息的影响，在首次公开招股中将进行价格折扣。和这个模型一致，Lee 等（1999）以及 Cornelli 和 Goldreich（2001）提供了经验证据表明，如果 IPO 被低估了那些消息灵通的投资者可以得到更多的份额。Busaba 和 Chang（2002）也指出，通过累计投标发行的 IPO 比那些固定价格的股票更容易被低估，因为累计投标发行人可以提供更多的信息。

此外，Welch（1992）提出了信息的叠加理论，这意味着，依次出售新股时，之后的投资者可以观察这些早期投资者的行为。Welch（1992）认为，如果投资者是相继制定投资决策的，那么"信息瀑布"就能够建立几种 IPO 方式：后续的投资者能够在先行投资者叫价的基础上进行叫价，他们会理性地轻视自己拥有的信息。因此市场对 IPO 股票的需求要么迅速增大，要么一直保持较低水平。可能存在的"瀑布"效应赋予先前的投资者支配市场的能力，这些投资者"需要"通过更多的抑价水平来确保 IPO 的报酬率，这就引起了一个正的"瀑布"效应。从这种意义上讲，信息瀑布可能是有助于解释 IPO 抑价现象的，但是信息瀑布却是不可避免的。累计投标询价机制并不会形成信息瀑布效应，因为承销商是不会透露报价过程中的需求信息的，因而也就降低了抑价水平。如果投资者之间能够自由地沟通，那么信息瀑布效应就不能形成，因为那时投资者能够了解所有的信息分布情况。对于那些不知情的投资者，其最优决策可能只是模仿早期投资者正在做什么，而忽略自己的私人信息，以避免"赢家诅咒"，这就可能会导致所谓的"信息瀑布"。根据这些信息叠加理论，新股将迅速成功或失败，要求也非常有弹性，所以发行人有可能对首次公开招募的股票进行折扣定价，以避免失败。Amihud 等（2003）提供了经验证据来支持这一理论，他们根据 1989 年 11 月至 1993 年 11 月期间在特拉维夫市场上市的 284 只新股的数据，结果发现，认购率要么非常高或者非常低，只有少数处于中间位置。Tian（2011）验证了中签率越高的股票，其 IPO 抑价程度越低，这是由于处于信息优势的投资者倾向于选择价值被低估的股票，而价值被高估的股票只有信息劣势的投资者会申购，此时虽然中签率较高，但是这类股票往往前景低迷，其 IPO 抑价程度也很低。Chang 和 Kwon（2020）以 IT 公司为样本，采用谷歌搜索量作为公司受到投资者的关注，结果显示受到更多投资者关注的企业，IPO 抑价现象也更加严重。

3. 承销商为信息优势方

信息不对称之间也存在于发行人及投资银行家之间，例如，投资银行家们可能知道更多有关资本市场的信息。因此，除了承销的功能，发行人也需要投资银行家们提供咨询和分配业务。在这种情况下，要约价格的决定委派给了投资银行家，以避免信息不对称导致的逆向选择和道德风险等问题。同时，在这种情况下，发行人总是不能观察到投资银行家的努力。因此，投资银行将以折扣价发行新股，以降低承销风险或需要自己的努力来出售股票的风险。

Logue（1973）根据美国 1965 年到 1969 年 250 只股票样本，研究了 IPO 发行定价过程中采用普通承销商与知名承销商的两种情况下对定价效果的影响，通过研究得出了普通承销商承销的 IPO 股票价格存在明显被低估。Neuberger 和 Hammond（1974）则研究了 816 个 IPO 发行定价案例，同样得出了不同的承销商会导致 IPO 在上市后的第一周之内股票价格走势有着明显的区别，具体来说，低声誉的承销商承销的 IPO 股票一般价格被低估的可能性更大，会显著高于高声誉的承销商。在此之后，国际上大量专家学者不断针对承销商声誉与 IPO 定价进行了相关实证研究，都得出了高声誉承销商比低声誉承销商更能够降低 IPO 股票的抑价程度（Kirkulak 和 Davis，2005；Ljungqvist 和 Wilhelm，2003）。La Rocca（2020）对相关研究进行了综述，结果发现与大陆法系国家相比，在英美法系国家中，承销商声誉在降低 IPO 抑价之中的作用更加显著。

关于承销商与 IPO 抑价，国内开展此方面的研究较晚，在研究结论上也与国外稍有不同。田嘉和占卫华（2000）在研究中选取了国内 667 个上市企业 IPO 样本，构建了声誉模型对承销商进行了声誉评估，并对声誉模型进行了回归分析，得出了我国承销商声誉与 IPO 定价偏低并不存在负相关这个结果。徐春波和王静涛（2007）选用了国内证券市场 300 家（2001 年 3 月至 2005 年 12 月）IPO 企业为基础建立样本集，以此来实证分析国际盛行的承销商声誉与 IPO 定价之间的关系，但结果得出了 IPO 定价与承销商声誉相关性并不显著。李妍（2010）研究了 1998—2007 年 A 股上市公司，通过三种制度下承销商的变脸率（IPO当年及后两年净利润额较IPO前一年下降30%以上为变脸公司）变化得出总体上我国市场承销商声誉与IPO抑价正相关。林雨晨和林洪（2014）通过研究我国创业板2009—2011年上市公司的财务数据发现，我国承销商声誉对IPO抑价率并无显著影响。

上述对于我国的证券市场的研究与其他国家的资本市场有着不同的结果，这可能是由于我国市场发展相对不成熟，而国外的证券市场发展相对较为成熟的缘故。但是，随着我国资本市场的逐渐完善，近年来的研究逐渐发现承销商对IPO抑价存在显著的影响。谭德凯和田利辉（2019）采用双边随机前沿模型测算了承销商和发行人之间的信息不对称程度，结果发现承销商具有明显的信息优势，并且这一优势随着新股定价制度的改革而逐渐增强。李滔（2017）通过研究我国创业板市场上2014—2016年上市公司的承销商声誉对IPO抑价水平的影响，得出良好的承销商声誉可以削弱IPO抑价。史金艳等（2018）研究结果表明，承销商声誉可以负向调节投资者情绪对新股收益的影响，但与新股上市后相比，这种调节作用在新股上市前更大，同时投资者情绪通过上市前后两个不同阶段对IPO首日收益率产生显著影响，承销商声誉机制的建立有助于降低投资者"情绪噪声"对IPO市场定价效率的负面影响。张学勇等（2020）以被发审委拒绝后重新IPO的公司为研究对象，发现这类企业可以通过更换声誉更好的承销商来降低信息不对称程度，不仅能够帮助公司成功IPO，降低IPO抑价率，而且有利于提升公司上市后股价的长期表现。这一结果说明，良好的承销商声誉是解决信息不对称问题的重要途径。

（二）基于制度理论的解释

在国外对IPO抑价现象的研究中，存在制度决定理论，该理论认为政府可以通过税收、法律、监管等政策制定来影响IPO的发行定价。

1. 法律风险假说

Logue（1973）首次从法律风险的角度解释IPO抑价现象，他们通过研究认为如果新股上市后表现不好，发行人将会受到一定的处罚，甚至面临法律诉讼，所以发行人为了规避风险，会人为地把IPO价格定在低于股票预期价格。但是这个说法饱受争议，因为不同的国家之间司法体系制度不一样，但是IPO抑价却是每个不同司法体系中都存在的现象。Tinic（1988）提出法律风险是导致IPO定价较低的直观因素，该研究发现美国1933年颁布《证券法》显著影响了IPO定价，这项法律规定由于招股说明书的重大遗漏导致股票价值低于发行价时，投资者有权利起诉IPO发行人和承销商，因此 IPO 发行人和承销商会通过 IPO 抑价来规避法律诉讼可能导致的声誉损失。

对于 IPO 定价中的法律风险假说，不同学者有着不同的看法，Drake 和 Vetsuyoens（1993）研究中，专门对已涉及有法律诉讼的 IPO 事件进行了整理，对于涉及法律诉讼的 IPO 样本与未涉及法律诉讼的 IPO 样本二者的初始收益率之间的差异，实证结果表明，二者并没有特别明显的差别，这意味着法律风险在此并没有对 IPO 抑价有足够的影响，也就是说，发行者即使在 IPO 中调整 IPO 发行价格，但是仍无法避免可能带来的法律风险。然而，Lowry 和 Shu（2002）考虑到初始回报和诉讼发生率的内生性，研究发现 IPO 新股抑价现象与发行人面临法律诉讼的可能性显著相关，当其面临法律问题的可能性越大，其越有可能通过提高 IPO 抑价率来避免法律风险。同年，Ritter 和 Welch（2002）又提出发行公司将 IPO 定价低于预期价格，主要是为了补偿一级市场投资者在 IPO 过程中承担的高风险，避免投资者对其发布的信息的质疑和诉讼。Huang 等（2019）发现在法律环境相对良好的地区，公司 IPO 抑价现象更为明显，验证了法律风险假说。Hussein 等（2020）将法律风险与信息不对称联系起来，为了规避法律风险，IPO 公司和承销商可以选择通过降低其 IPO 定价来降低经济价值的潜在损失，或通过加强在 IPO 招股说明书中的披露来降低重大遗漏的可能性，实证结果验证了 IPO 公司和承销商通过 IPO 抑价进行风险补偿。

2. 承销商托市理论

Rund（1993）首次提出 IPO 抑价现象与承销商托市行为有关。他认为承销商不会有意压低 IPO 发行价，而是会将 IPO 定价到预期价格上，当新发行的股票跌破发行价之后，主承销商有价格支持的责任，即采取措施将发行价提高到发行价以上，因此，主承销商托市会消除初始回报率小于零的部分，这样导致新股初始回报率一直大于零，IPO 抑价现象就会出现。Asquith 等（1998）对不存在托市行为与存在托市行为的 IPO 样本进行了分类研究，得出存在托市行为的 IPO 抑价率显著低于不存在托市行为的 IPO 样本。Aggarwal（2000）经过筛选 IPO 上市初期的交易数据，然后通过构建模型进行实证研究，进一步验证了 Rund（1993）的承销商托市假说。

3. 避税理论

由于在很多国家的税收制度中，资本收益税都低于所得税，因此国外学者还从避税角度研究 IPO 抑价现象。以瑞典为例，在 1990 年之前，瑞典政府对于所得税的征收比资本收益税高，因此很多企业倾向以资产增值来代替为员工发放现金薪酬，而抑价发行的新股具有稳定的增长潜力，是作为替代员工薪酬的最佳资产。因此，Rydqvist（1997）利用瑞典的 IPO 样本研究了 IPO 抑价现象与企业避税动机的关系，结果表明两者之间存在显著的影响关系。1990 年，瑞典政府制定了专门针对 IPO 的相关所得税征收规定，开始对通过 IPO 抑价获得的资本收益额外征税，导致企业无法通过向员工发放新股替代薪酬来合理避税，此后瑞典股票市场的 IPO 抑价率也从 1990 年以前的 41% 降到了 1990 年以后的 8%。

同样地，在美国也存在类似的情况，Taranto（2003）通过研究指出，美国税法的某些规定可能会导致发行公司在 IPO 活动中有意制造抑价现象。美国税法规定公司的雇员所持有的公司股票期权必须在执行和卖出时均上缴所得税，但由于资本收益税远远低于工资所得税，因此上市公司高管便产生了有意使新股产生抑价的动机。Taranto（2003）也通过实证研究验证了他的设想，即当公司员工所持有的公司股票期权越多，该公司的新股发行抑价程度就越高。

（三）基于控制权理论的解释

在很多情况下，控制权对管理层制定投资决策是有影响的，而上市就意味着所有权和控制权的分离。

1. 抑价作为保持控制权的一种方式

由 Booth 和 Chua（1996）改进的流动性假说指出，发行人的股权分散的需求创建了一个抑价的激励，为了增加股票二级市场的流动性，发行人将以低估的价格提供股票，以吸引更多的潜在投资者。Mello 和 Parsons（1998）所提出的改进监控假说指出，发行人应考虑最佳的所有制结构。当发行人出售股份给许多小的、被动的投资者，他们也应积极寻求大股东，用来作为无论是监控者或替代的管理团队的支持者，而抑价是寻求这些优秀的大股东的成本。

2. 抑价作为降低代理成本的一种方法

Bren 和 Franks（1997）认为，在所有权和控制权分离之后，管理人员试图通过巩固他们的控制权收益来最大化所期望的私人收益。但是，我们可能会认为管理人员事实上应该使他们从控制权中获得私人收益的机会最小化。因为代理成本最终是以较低的 IPO 筹资额和较低的股票市场价值的形式由公司的所有者承担的。从管理人员是部分所有者的角度来看，他们至少承担了自己非获利最大化行为的一部分成本。如果他们持有的股份足够大，从而使他们所承受的代理成本超过所享受的私人收益的话，那么他们对自主分配权的兴趣就会减少。

然而 Stoughton 和 Zechner（1998）则认为向那些监督管理层行为的外部大股东分配股票，这可能是有利于提升价值的。由于监督的受益者是所有的股东，因而监督就成为一种公共产品。为了鼓励更多的监督，管理人员可能会分配大量的股票给投资者。但是如果从投资者角度来看，通过分配股票来获得更多的监督这种方法并不是最优的（因为这是很难划分的），相反以抑价的形式来激励股东进行监督可能是更有利的，这种抑价甚至不代表一种机会成本：因为由于缺乏监督，外部股东预期的代理成本较高，公司将不得不以较低的价格来发行股票。

（四）基于行为金融理论的解释

近年来很多学者利用 20 世纪 80 年代兴起的行为金融理论去解释 IPO 抑价的原因，主要是研究投资者的行为与 IPO 抑价现象之间的关联，并取得了许多成果。Camerer（1989）认为新股发行之后二级市场的高初始回报率，一定程度上是由于上市公司真实价值难以评估、股票的不确定性较高，投资者情绪过高导致 IPO 市场出现泡沫，推高了新股的初始收益率。Aggarwal 和 Rivoli（1990）以及 Shiller（1990）也通过研究指出，IPO 的特征和发行过程可能会导致二级市场投资者对上市早期的新股进行过高定价，IPO 后二级市场上投资者广泛的热情可能会影响到新股 IPO 短期超额收益，这种现象在股票市场上普遍存在。另外，这也可能造成了投资泡沫。Welch（1992）研究 IPO 抑价现象时运用了"信息瀑布"理论和"羊群效应"理论等行为金融学的理论，此后，试图从投资者情绪角度来研究 IPO 抑价现象的各国学者越来越多。Asquith 等（1998）研究表明非理性和投资者过度乐观情绪可能导致二级市场新股首日发行的股票成交量大幅度提升，从而导致了看起来像股票的价值被低估的假象，而这并不能确定就是由于新股发行定价偏低影响的，这种现象一定程度上推高了二级市场的股票价格，产生投资泡沫。Derrien 等（2003）基于对 Benveniste 和 Spindt（1989）的询价发行定价模型的改进，把投资者情绪引入到股票询价模型中，建立了新的 IPO 定价和抑价模型，得出了承销商和发行人可能会根据投资者不同程度的乐观情绪采取不同的方式来调整其发行策略和定价。Cornelli 等（2006）通过研究欧洲 12 个国家 486 个 IPO 样本（1995—2002年），用 IPO 交易价格作为投资者情绪的判断指标，得出了过度乐观的投资者的确会导致 IPO 新股首日价格提高，平均上升了 40.5%。Ljungqvist 等（2006）以投资者和发行方为主体，从两个不同角度进行了研究，分析了影响 IPO 交易价格的不同因素。一方面，基于投资者，若发行方发现投资者不是理性投资者，则承销商和发行人会利用投资者此时过于高涨的情绪来抬高 IPO 发行价格。另一方面，基于承销商和发行人，假设他们都是较为理性的主体，他们就会尽可能提高 IPO 发行收入和上市后所持有的股票所带来的收入，为了使新股能够保持在较高的价格水平，他们通常会要求机构投资者和承销商按约定慢慢地把新股投入市场，或是一年之内不得过多出售新股。

在行为金融学领域有一个结论，市场上之所以会出现股票的真实价值低于其 IPO 股价，是因为市场上的股票发行人或者"非理性"投资者有一定的行为偏差，二者都未尽自己的努力给予承销商一定的压力来降低 IPO 抑价。王斌（2005）认为市场上的投资者并非都是理性的，他们大都可能存在投机、过于乐观、过度自信、赌徒心理、自我归因和认知不够等各种因素。徐志坚和汪丽（2012）通过对交易市场的申购中签率、首日换手率和市场热度等行为金融方面理论来研究 IPO 抑价现象，通过实证研究分析得出了 IPO 抑价受以上因素影响显著。而孟泉宇（2013）则研究了国际各个证券市场的 IPO 抑价现象，通过实证分析，他将 IPO 抑价的缘由归集为投资者从众心理、厌恶亏损、锚定效应、过度自信、反应不足和过度反应六个方面因素上。同时，行为金融理论在解释 IPO 发行抑价方面得到很好的验证，对个人投资者及监管层均有很好的指导意义。刘蕊和陶冶（2016）认为信息不对称与行为金融二者存在交互影响的作用，基础信息不对称和行为金融双重视角能够更为全面合理地反映 IPO 抑价的成因。张蒙（2020）发现当市场处于牛市阶段时，IPO 抑价更为严重，这是由于投资者在这个时期普遍看好后市的发展，投机心态严重，非理性地推高 IPO 超额初始收益率。

2.3　IPO 长期价格行为研究

2.3.1　IPO 长期价格行为表现

IPO 长期市场表现是指股票首次公开发行后，股票在一段很长的时间内其个股收益率与市场基准收益率之间的差异，如果长期收益率比基准的收益率小，那么就称这种现象为 IPO 长期弱势。投资者一般都会具有"新股情结"，对 IPO 长期表现的探究可以帮助我们更好地研究证券市场的有效性和对全球的证券市场进行深入的了解。对长期表现的研究能够对投资者证券投资行为进行有效指引，对新股定价有指示作用。目前，国内外文献中较为主流的观点认为 IPO 长期弱势，但由于各国制度背景的差异，IPO 是否长期弱势依然是有争议的。所以目前对于 IPO 长期价格行为的研究述评可以分为 IPO 长期市场表现弱势与 IPO 长期市场表现随机两种基本类型，而其中弱势说更占主流地位。Stoll 和 Curly（1970）是第一批研究 IPO 长期价格弱势现象的学者，他们选取了 1950 年到 1960 年小公司股票为研究样本，发现股票长期股价表现不佳，IPO 长期价格表现为弱势，但是短期时间内 IPO 的溢价比较显著。Ibbotson（1975）研究了 20 世纪 60 年代的美国 IPO 股票，发现了一个现象，即这些股票在 IPO 之后的第 2 年到第 4 年的超额收益为负值，而在第 1 年和第 5 年有正的超额收益。之后，很多专家和学者的研究也发现许多新兴和成熟市场的 IPO 都具有负的长期超额收益。Levis（1993）、Lee 等（1996）、Alvarez 和 Gonzalez（2005）、Jewartowski 和 Lizinska（2012）以及 Hashem 等（2014）学者分别在英国、澳大利亚、西班牙、波兰和马来西亚等国家的市场发现了 IPO 长期市场表现弱势的证据。

虽然大多数学者的研究支持 IPO 的长期弱势现象，但是有学者也提出了异议，他们发现 IPO 的长期表现是随机的而不总是表现为弱势。一部分学者研究中发现 IPO 长期弱势现象的解释与很多因素相关，如 IPO 长期异常收益率的衡量的指标，或者选取的市场样本不同，或者选取的不同期间等，都会对 IPO 的长期表现产生明显影响。Sapusek（2000）、Chan 等（2007）认为不同的长期收益率度量方法会导致得出 IPO 长期表现的不同结果。Gompers 和 Lener（2003）研究了美国 1935 年到 1972 年的 IPO 上市企业样本，研究中选用了基于事件时间方法的市值加权计算得出了相应结论——IPO 长期业绩不佳的结论，但是，采取其他的方法研究时，IPO 长期业绩不佳的结论无法取得。大多数研究表明，国企在经历私有化改革后，其市场业绩会有所提升，Boubakri 和 Cosse（2000）基于 26 个国家的样本、Perotti 和 Oijen（2000）基于 20 个国家的样本，分别研究了发展中国家私有化国有企业的长期市场业绩，发现国有企业私有化后的长期市场业绩优于市场平均水平。Dewenter 和 Malatesta（2001）以 102 家私有化国有企业作为样本进行研究，也发现了高达 88.2% 的五年期异常回报。结果同样支持该结论的学者还有 Aggarwal 等（1993）、Paudyal 等（1998）、Boardman 和 Laurin（2000）、Megginson 和 Netter（2001）以及 Jelic 等（2003）。

李璐和杨敬静（2014）按照 IPO 长期市场表现弱势、长期异常收益衡量方法差异对结论影响显著、各国样本差异对结论影响显著三种观点在阅读大量文献的基础上，对截至 2014 年各国（地区）IPO 长期市场表现的研究结果汇总如表 2-1 所示。

表 2-1　1987—2014 年 IPO 长期市场表现研究汇总

研究结论	研究对象（国家或地区）	研究者	研究时间	研究期间	样本量
IPO 长期市场表现弱势	澳大利亚	Lee et al.	1996 年	1976—1989 年	169
	巴基斯坦	Sohail & Nasr	2007 年	2000—2006 年	50
	巴西	Aggarwal 等		1980—1990 年	48
	墨西哥			1987—1988 年	38
	智利			1982—1990 年	18
	波兰	Jewartowski 等	2012 年	1998—2008 年	195
	丹麦	Jakobse 等	2001 年	1984—1992 年	76
	德国	Jaskiewicz 等	2005 年	1990—2000 年	153
	西班牙				43
	马来西亚	Dawson	1987 年	1978—1983 年	21
	新加坡				39
	中国香港				21
	马来西亚	Hashem 等	2014 年	2004—2007 年	166
	美国	Ritter	1991 年	1975—1984 年	1526
	美国	Schultz	2003 年	1973—1997 年	5215
	葡萄牙	Almeida & Duque	2000 年	1992—1998 年	28
	瑞典	Brounen 等	2002 年	1984—1999 年	54
	瑞士	Drobetz 等	2005 年	1983—2000 年	53
	西班牙	Alvarez & Gonzalez	2005 年	1987—1997 年	52
	希腊	Thomadakis 等	2012 年	1994—2002 年	232
	新西兰	Firth	1997 年	1979—1987 年	143
	意大利	Arosio 等	2001 年	1985—1999 年	150
	英国	Goergen 等	2007 年	1991—1995 年	240
	中国	Chen 等	2000 年	1992—1995 年	277
	中国	Liang Peng	2008 年	2000—2002 年	166

续表

研究结论		研究对象 （国家或地区）	研究者	研究时间	研究期间	样本量
IPO长期市场表现随机	认为长期异常收益衡量方法差异对结论影响显著	马来西亚	Zaluki 等	2007 年	1990—2000 年	454
		美国	Gompers & Lener	2003 年	1935—1972 年	3661
		加拿大	Kooli 等	2004/2006 年	1991—1998 年/ 1986—2000 年	101/141
		英国	Choi 等	2010 年	1981—2003 年	241
		中国	Chi 等	2010 年	1996—2002 年	897
		德国	Sapusek	2000 年	1983—1993 年	142
		中国香港	Chan 等	2007 年	1999—2001 年	159
	认为各国样本差异对结论影响显著	波兰	Aussenegg	2000 年	1991—1999 年	159
		韩国	Kim 等	1995 年	1985—1989 年	99
		美国	Ritter & Welch	2002 年	1973—2001 年	345
		美国	Carter 等	2011 年	1981—2005 年	6686
		印度	Sahoo & Rajib	2010 年	2002—2006 年	92

2.3.2　IPO 长期弱势现象

股票价格是否能够显示其内在价值，通常跟市场有效性有关，如果市场是有效的，那么通过 IPO 后公开交易的股票，其价值应该完全反映其内在价值，而不应该存在超额收益，此时长期弱势现象只是偶然发生。但是多数学者发现 IPO 长期弱势是普遍存在的，Degeorge（1993）通过研究发现美国股市经历过逆向杠杆收购的公司在 IPO 之后的经营业绩显著低于 IPO 之前，而 Jain（1994）等在将 Degeorge（1993）等的研究样本扩展之后，也发现 IPO 以后样本公司的经营业绩显著降低。相关学者通过对美国股市的有关研究发现，通常上市公司在 IPO 之后的财务业绩会出现恶化，而股市的长期表现与公司的财务业绩显著相关。此外，Loughran 和 Ritter（1995）等还发现美国股票市场 IPO 的股票价格长期表现显著劣于市场指数。但是 Krigman 等（1999）的研究表明，除了特别热的新股外，首日收益越高的新股，其上市后一年之内的异常收益也越高。Fama 等（2003）通过研究 1973—2001 年在美国资本市场新上市的公司，发现样本公司在上市后的盈利能力具有下降的趋势，而成长能力则具有上升的趋势。出现这种情况的原因可能是美国股票市场的融资成本下降和低门槛导致大量业绩较差和回报期较长的公司进入资本市场，从而导致新股上市公司基本面的变化。Brau等（2012）认为，收购活动会显著影响股票长期业绩，研究结果表明，在上市后一年内收购的新股在 1~5 年内表现显著弱于上市公司，而非收购新股在这段时间内的表现与上市公司没有显著区别。Michel 等（2014）发现股票 IPO 后的市场表现与向公众持股量之间显著的非线性相关，随着公众持股量的增加，低水平的公众持股量的长期收益会减少，而较高水平的公众持股量的长期收益会增加，也就是说，在 IPO 中向公众出售很少或出售大部分股票的公司长期表现最佳。Ali（2017）以及 Czapiewski 和 Lizinska（2019）分别采用剩余收益模型和日历时间组合模型测算英国和芬兰公司的 IPO 长期绩效，结果发现股票 IPO 之后长期表现不佳的现象在英国和波兰确实存在，并且业绩不佳的主要原因是在股票发行之前公司的财务状况不佳。

相关研究还表明，上市公司长期弱势现象的出现，与定价效率偏低存在显著关联。Purnanandam 和 Swaminathan（2004）通过实证研究发现，发行价格越被高估的股票，其首日收益越高，即 IPO 抑价程度越高，上市后六个月的表现也越好，而长期表现则越差。如果通过非理性角度对 IPO 抑价现象进行解释，那么新股长期弱势的现象能够有效证明这一理论，因为新股长期弱势说明新股上市初期的股价是被高估的，市场也并非有效市场。从新股长期弱势表现出发，对新股后市表现的研究逐步扩展到新股长期表现与 IPO 定价效率之间的关系。这些研究已经为 IPO 抑价和后市表现两个研究领域的融合提供了鼓舞人心的启示。

对 IPO 发行定价和长期绩效的影响方面，国内的研究从数量上和力度上都稍显薄弱。陈超和陈文斌（2003）通过对包括 1992—2000 年上市的所有 A 股和 B 股公司的研究表明，我国市场的 A 股和 B 股在 IPO 的时候都被低估，A 股的被低估程度比 B 股要大。被低估程度越大的 IPO，首日初始收益越高，被低估程度越小的 IPO，三年长期绩效越差。Chan 等（2004）在研究了 1993—1998 年我国 A 股上市后的新股在 36 个交易月之内的表现，结果发现，虽然新股的表现一直弱于相比较的公司，但这种弱势表现相对于 IPO 抑价的程度来说非常轻微，因此他们判断导致新股发行抑价的原因并不是二级市场过度乐观所致，而是由于一级市场定价效率过低所致。Kao 等（2008）通过研究发现我国上市公司在 IPO 前的盈余水平与新股发行抑价以及长期绩效之间存在一定的联系。通常发行前盈余水平高，则 IPO 抑价程度就越低，新股长期表现也就越差。张学勇和张叶青（2016）研究

2003—2012年的中国 A 股市场数据发现，同样接受了风险投资，在 IPO 之前拥有专利的公司相对于那些缺乏创新能力的公司，IPO 的抑价率更低，长期回报率更高，即创新能力对风险投资支持的 IPO 公司的市场表现具有显著的驱动作用。许昊等（2016）通过手工判别风险投资，以创业板上市企业为研究对象发现风险投资的进入和参与程度能显著改善企业 IPO 绩效，民营和外资背景风险投资的进入和参与程度对 IPO 绩效影响更大。胡志强和喻雅文（2017）以创业板上市的高科技企业为研究对象实证发现技术创新效率的提高对企业 IPO 后经营业绩和股价表现都有促进作用，并且长期内这种正向影响更显著。但是，在一级市场定价阶段，徐浩萍等（2017）发现投资者往往仅仅关注公司的短期收益，而忽视了企业未来的创新性和成长性，可能的原因在于与成熟市场不同，中国这样的新兴市场新股发行制度不同，投资者中个人投资者占比较大，并且信息沟通效率较弱。

国际上对于 IPO 长期弱势现象开展了很多研究，Ibboston（1975）研究了美国 20 世纪 60 年代的 120 只新股，这些新股的发行价格均高于 3 美元，通过建立模型的实证分析，发现这 120 只股票只有在第一年超额收益为正数，而后的第 2 年、第 3 年和第 4 年的超额收益均为负数，虽然他进行了一系列的统计，但是他没能对是否违背市场有效性假说给出答案。Ritter（1991）抽取了 1975 年到 1984 年在美国证券市场上市的 IPO 数据，整理了三年内取得累计超额收益的 IPO 股票，研究表明，这些 IPO 新股三年内累计超额收益为负数，仅为-29.13%，意味着其长期表现并不是太好。

我国的很多学者也对 IPO 的长期弱势现象做了研究，但是结论并没有趋向一致。刘力和李文德（2001）选取了我国 398 只股票样本，这些股票都是 1991 年到 1996 年新发行上市的，结果表明这些 IPO 的新股三年内超额收益都为正值。我国在 1993 年 4 月底颁布了《股票发行与交易管理暂行条例》，沈艺峰和陈雪颖（2002）在条例发布之后，选取了 283 只股票，分析了这些股票在上市 1 周至 1.5 年的市场收益，得出了在开始的 12 周内，整体市场的表现优于这部分股票的表现，但是在接下来的 66 周内，这部分股票显著表现为高于整体市场的表现，因此，作者认为 IPO 的长期弱势现象在中国不存在。李蕴玮等（2002）在研究时使用了流通市值加权 CAR，以此为基础计算超额收益率，他们的研究表明中国 IPO 发行新股存在长期弱势现象，即研究得出了我国 IPO 发行新股长期表现弱于市场的总体收入。丁松良（2003）的研究样本取自 1994 年到 1999 年在我国证券市场上市的 735 只股票样本，发现股票的收益长期强势，而在短时间内表现为弱势特征，这些股票三年期的持有超额收益率（BHAR）和累计超额收益率（CAR）分别是 16.3% 和 33.9%，这个现象可能是由于投资者过度狂热造成的。杜俊涛等（2003）研究了我国 1996 年上交所上市的 71 只股票，他们采用 Fama-French 三因素模型进行了实证分析，得出了这些股票在 IPO 五年内存在长期弱势的现象，但是股票的长期弱势程度会随着时间推移而逐渐减弱。杨丹（2004）选取了我国 A 股 1998 年以前的样本，这些股票都是在我国还实行股市配额的制度下的股票，研究发现，IPO 的首月超额溢价维持在 -2.5%，7 个月后，其累计超额收益变为正数，然后又逐渐变为负数，他的研究结果表明我国的新股在发行的 7 个月后买较为合适，持有新股最多不超过 7 个月，7 个月之后其累计收益率会有所下降。他还发现，持有这些股票 2 年的累计收益率为 -0.79%，3 年的累计收益率为 -2.45%，研究到第 5 年该指标才有所回升，但是该现象在统计意义上并不显著，即新股长期弱势的现象并不存在。杨丹和林茂（2006）的样本数据来源于我国 1995—2000 年在沪深两地上市的 A 股数据，共 774 个 IPO 样本数据，通过 IPO 的流通市值加权平均、等权平均和总市值加权平均收益率，在评价 IPO 的长期市场表现时通过使用不同的市场指数及配比股票组合的收益率来加以调整，最后通过实证研究得出我国 IPO 发行新股在上市的最初三年期间表现为长期强势，还得出了使用何种参照指标对 IPO 长期超额收益率进行调整，以及使用何种加权平均方法都会有明显的影响。孙自愿（2009）研究了国内 985 个 IPO 数据样本，得出我国 A 股具有长期弱势现象，相对于 IPO 首日的超额溢价，这个结果具有反转特征。异质信念的衡量指标选取的是"收益的波动率"，研究表明长期弱势与异质信念间存在一定的相关性。邹高峰等（2015）选取 2006—2010 年的样本，使用配比公司的价格乘数模型，认为 IPO 长期表现的这种弱势不仅低于市场基准，还低于配比公司，他们认为这是受到投资者情绪和市场供应的影响，使得 IPO 上市之初市场过度反应，长期价值回归中表现弱势。孙艳艳（2016）选取 2010—2012 年底首次在创业板上市的新股为样本，对新股上市起 3 年的表现进行研究认为我国创业板 IPO 新股 3 年期表现存在严重的弱势现象。屠立峰等（2017）从行业异质性视角考察风险资本对我国创业板不同行业的公司 IPO 后长期投资收益的影响，结果发现不同行业收益不同，说明风险资本促进 IPO 合理定价的功能依赖于行业差异。方先明和张若璇（2020）发现"赢者诅咒"从一级市场向二级市场传递，IPO 时抑价程度高的股票在上市初期出现连续涨停的现象，较高的短期收益和过度乐观的投资者的"追涨"行为导致股价进一步上涨，但是在上市一段时间后，由于股价高于公司实际价值程度严重，导致股票价格下跌、泡沫破裂，长期弱势表现更加凸显。此外，魏志华等（2019）发现中国 2014 年开始实施的 IPO 首日限价政策进一步刺激了投资者"炒新"，导致了新股上市短期内股价快速攀升，以及新股实际首日收益率与未来市场表现之间的负相关关系。

在全球不同的股票市场均存在 IPO 长期弱势现象，Keloharju（1993）在研究芬兰证券市场时，也得出了三年后的长期收益率相较市场总体平均指数为-26.4%的结论。Lee 和 Taylor（1996）通过研究澳大利亚的证券市场，发现新股在 IPO 后的三年内存在有 46%的弱势特征。Ljungqvist（1994）、Wsserfallen 和 Wittleder（1994），以及 Schlag 和 Wodrich（2000）在检验了德国多个时期的 IPO 发行新股时，也发现德国的股票不适合长期持有，存在长期弱势现象。Aussenegg（1997）研究奥地利的证券市场，发现奥地利证券市场 IPO 后股票持有五年后的平均收益为-74%，存在显著的弱势特征。Fama（1998）综合评价了不同累计超额收益测度方法，采用累计超额收益率（BHAR）的度量方法检验 IPO 发行新股长期弱势特征。BHAR 的数据因为是通过计算月利率然后按复利计算所得，所以 BHAR 数据比 CAR 数据和时间序列回归方法更有可能准确得出长期弱势的程度。

除此之外，国外也有学者认为 IPO 的长期弱势现象并不存在。Jakobsen 和 Sqrnesne（2001）对丹麦的证券市场进行研究发现 IPO 的长期弱势是普遍存在的，而不是某个样本或者国家特有的。他们是通过选取丹麦证券市场在 1984—1992 年首次公开发行的股票并进行长期研究，结果发现长期收益的财富相对数可以被接受为对数正态分布的，可以作为长期收益的转化形式来进行统计检验。Thomadakis 等（2012）研究了希腊证券市场在 1994—2002 年的 254 只新发行的股票，通过实证研究发现，这些股票上市后与国际证券市场发展不大一致，这些新股上市后存在一段时期内的长期强势表现特征。与 IPO 长期超额收益有关的研究还包括前文提到的 Autore 等（2014）、Chan 和 Walter（2014）、Chan（2014）、Ecker（2014）等人的研究，这些研究从多个侧面证实了 IPO 后长期超额收益在不同市场、不同时期具有不同的表现。另外，Ahern（2009）、Campbell 等（2010）、Dionysiou（2015）、Kolari 和 Pynnonen（2011）、Kolari 和 Pynnonen（2010）等从事件研究视角分析了与长期超额收益有关的一些现象，还有袁显平和柯大钢（2007）对国内 A 股市场的研究方法相对规范，具有一定的代表性。

2.3.3 IPO 长期弱势现象的解释

在 IPO 研究领域，目前国内外的研究热点主要集中在三个方面，首先是新股首次公开发行后的短期超额回报，即 IPO 抑价现象；其次是 IPO 后的市场热销现象；最后则是 IPO 后新股长期弱势现象，这三个方面相互关联，形成了目前国内外学者对 IPO 研究的主要框架。IPO 长期弱势现象指的是 IPO 后的一段较长时间内，上市公司股票为投资者带来的收益不如同类型股票中的非首次公开发行的股票。关于长期弱势现象的解释，主要有异质信念假说、狂热投资者假说、机会之窗假说以及主持人假说等，分别从投资者预期与股票内在价值的关系、投资者行为、投资时期、投资宣传等视角对这一现象进行解释。

（一）异质信念假说

Miler（1977）首次通过异质信念假说来解释新股长期弱势现象。在此之前，股票价格的理论分析主要是市场同质预期假设，而他提出另外的观点，即认为市场投资者并非对上市公司的未来现金流和成长性有着相同的预期，由于不同投资者掌握的信息和自身素质不同，投资者对于不同的上市公司具有多样化的预期。对上市公司预期好、估值高的投资者便会成为买者，对于市值较小的 IPO 公司而言，少数过度乐观的投资者便能够在新股上市首日抬高新股价格，而随着时间的推移，上市公司的信息和经营状况不断被公开和披露，早期过度狂热的投资者将趋于理性，而市场投资者对上市公司的预期也将趋于一致，于是公司的股价将会恢复到稳定的真实价值水平。因此，IPO 抑价现象和新股长期弱势现象的程度与新股上市之初，乐观投资者和悲观投资者预期的差距有关，两者差距越大，新股上市初期的价格越高，长期来看一段时间内新股收益率也越低。

（二）狂热投资者假说

Aggarwal 和 Rivoli（1990）以及 Shiller（1990）最早提出了狂热投资者假说，并与 IPO 高初始收益率理论中的行为金融理论解释有关。他们通过对股票市场投资者的研究发现，仅仅只有 26% 的被调查投资者会对上市公司的发行价格和经营状况进行分析，狂热投资者假说认为 IPO 上市初期很大程度上会受到过度狂热的投资者追捧，这些投资者由于未对上市公司的发行价格和公司基本面进行系统性分析但又存在过度自信等原因，推高了 IPO 初始价格，随着时间的推移，这部分投资者狂热的情绪趋于理性，新股价格便回到真实价值水平上。

（三）"机会之窗"假说

"机会之窗"假说认为 IPO 股票价格可能受到时期的影响，在某一段时间内，投资者购买 IPO 股票的热情可能会高涨，从而导致股票内在价值被高估，推高了股票价格。该假说还认为这类上市公司高管能够通过企业自身情况预测到企业经营业绩的高峰期以及根据市场情况预测投资者情绪高涨的时期，从而利用内外部机会以高价发行公司股票。Ritter（1991）通过实证研究发现，在高发行量年份 IPO 的上市公司更有可能存在长期弱势的现象，这些公司可能利用了"机会之窗"。

根据"机会之窗"假说，证券发行市场的火爆程度与发行公司和中介机构利用投资者对上市公司的乐观态度并选择在这一时期集中发行股票也有密切关联。乐观投资者愿意为购买上市公司新股支付更高的价格，发行公司和中介机构利用这一点来推介和发行股票，顺从投资者心理，促进了证券发行市场的热度。通常 IPO 发行量与正常的经济周期有很大关联，但有时这种大幅波动并不能完全用公司正常的经营周期来解释。Aggwaral 和 Rivoli（1990）以及 Loughrna 等（1994）提出，在高发行量年份发行的新股定价过高的情况显著高于低发行量时期，因此高发行量年份发行的新股的长期回报率也更低。Jain 和 Kini（1994）以及 Mikkelson 等（1997）通过实证研究发现，多数上市公司在 IPO 后的经营业绩呈显著下滑趋势，而且这种下降不能用行业形势的变化来解释。Ljungqvist 等（2001）则提出了一个过度预期的模型，其说明新股长期弱势是一种均衡现象。Hawaldar 等（2018）以印度 IPO 长期表现不佳说明这些公司的首次公开募股的时候市场对这些公司的前景过于乐观，也佐证了"机会之窗"假说。

（四）主持人假说

Shiller（1990）通过研究认为，IPO 发行情况会影响承销商的声誉以及佣金收入，而 IPO 发行情况的好坏即指发行成功与否以及销量的高低。承销商会通过包装和宣传来推动 IPO 的顺利发行，而在 IPO 发行过程中承销商所发挥的作用类似于一场活动的"主持人"，因此该解释被称为"主持人"假说。通常承销商为了降低发行过程的困难，会通过加大 IPO 发行的宣传力度，在一级市场上制造 IPO 供不应求的表象，以此吸引具有从众和跟风心理的投资者。通常 IPO 发行的宣传声势越浩大，越能激发投资者对新股发行的兴趣和投资欲望，从而 IPO 上市首日的价格也会被推得越高。

但是与"异质信念"和"投资者狂热"假说类似，随着时间的推移，承销商通过宣传和包装无法一直掩藏新股内在价值，因此股票价格会回到真实价值水平。

"主持人"假说认为 IPO 首日股票的收益率与股票长期弱势程度呈现出正相关。Shiller（1990）调查研究了 IPO 投资者数据，结果表明大多数投资者都是由于承销商对 IPO 上市企业的过度包装和宣传而受影响吸引来的，只有 26% 的被调查者了解公司的基本情况和研究过 IPO 发行价格，大多数的投资者只是通过所接收到的信息影响投资决策。Shiller（1990）也预测 IPO 长期表现将与短期抑价负相关，即首日收益率较高的 IPO 将带来较差的长期股价表现。Ritter（1991）以及 Levis（1993）的研究证实了这种现象的存在。Bajo 和 Raimondo（2017）认为媒体新闻呈现的方式会影响散户的投资理念，从而导致 IPO 发行定价变化也为"主持人"假说提供了实证支持。邹高峰等（2015）研究认为 IPO 长期表现弱势是受到投资者情绪和市场供应的影响。宋顺林和唐斯圆（2016）研究了投资者情绪在 IPO 定价过程中的作用，并得出结论：投资者情绪与 IPO 抑价显著负相关、与 IPO 溢价和 IPO 首日回报率显著正相关。IPO 上市初期市场过度反应，也是对这一假说的支持。Chahine 等（2020）也发现 IPO 公司通过雇佣投资者关系顾问帮助公司 IPO 前创建正面新闻报道，但是这种策略仅仅在短期有效，虽然有助于短期内提高 IPO 定价，但是却导致 IPO 公司的长期回报较低。

2.4　文献评价

本章主要对 IPO 发行定价机制、定价模型、IPO 短期抑价现象、IPO 长期弱势现象等方面的研究现状进行了文献梳理，最终发现我国创业板 IPO 发行定价机制存在诸多有待完善与改进之处。此外，本章还分两个维度对 IPO 定价效率相关研究做了梳理，即定价效率与企业长期绩效的关系以及在不同板块上市的 IPO 短期定价效率。本章主要结论如下：

从定价机制角度来考虑，IPO 的抑价程度会受到证券市场定价机制的影响。固定价格机制适合于数量规模较大的 IPO，固定价格方式在降低 IPO 抑价程度上不及拍卖定价的机制，同时，拍卖定价机制也能够根据需求对价格进行一定的调整。我国现在采用的是累计投标制度，但是与美式累计投标并不一样，我国的询价制度是累计投标与固定价格有机结合的制度，更能有效减低 IPO 抑价现象。

定价模型方面，现有的 IPO 定价模型在反映企业价值上都存在一定程度的局限性。企业价值的正确衡量对 IPO 定价发行具有核心的作用，对定价效率的影响也是最为重要的环节，因此对企业价值的评价中仍然存在很多可以改进的地方。本书在后面的章节也试图以主、客观评价相结合的原则，对传统的物元模糊综合评价模型进行改进，得到一种兼具理论意义与实践价值的客观综合定价模型，为创业板 IPO 定价机制的完善与改进提供一种有意义的参考。

抑价现象方面，目前国内外学者将抑价现象的解释分为两个方面，而根据有效市场假说的二级市场是有效的和在首日的收盘价格反映了新公司的真实价值，学术界将较高的初始收益率归因于初级市场的抑价，即卖出价相对公司的基本价值被低估，即定价效率不高所导致。

定价效率方面，公司自身因素、市场因素、发行机制，以及发行方式等各个方面都会影响 IPO 定价效率，包括二级市场投资者非理性和投机泡沫也会影响新股首日超额收益。IPO 抑价和后市表现两个研究领域的融合也是学术研究的一个热点，而我国不同证券市场的企业由于企业特征以及上市规则等方面的不同，在 IPO 抑价以及定价效率方面也存在一定的差异。在后面的章节中，本书试图从企业成长性（长期绩效）和证券市场两个维度，分析各自与 IPO 定价效率的关系，找到定价效率对企业长期绩效的影响以及市场特征的不同对定价效率的影响，最终本书将针对创业板企业 IPO 特性，以主、客观评价相结合的原则，对物元模糊综合评价模型进行改进，得到一种兼具理论意义与实践价值的综合定价模型，为创业板 IPO 定价机制的完善与改进提供一种有意义的参考。

长期弱势现象方面，在发行高峰期内进行 IPO 通常更有可能存在长期弱势的现象，并且，在成立年限较短的年轻上市公司中这一现象更为明显。此外，在上市公司发展过程中未获得风险投资支持的上市公司，以及未通过高声誉投行推荐上市的公司更加可能存在长期弱势现象。目前，国内外学者对 IPO 价格长期弱势的解释主要可归纳为异质信念假说以及投资者狂热假说。前者认为投资者对股票价值的不同认知预期，尤其是乐观投资者会在申购过程中获得成功并抬高股票价格；后者强调投资者的情绪在 IPO 初期异常高涨，导致 IPO 首日价格高涨，形成过高的初始收益，而后情绪的逐渐平稳也会使得股票价格不断恢复理性。

3 境内外创业板市场发展的基本情况

3.1 中国创业板市场发展的基本情况

3.1.1 中国创业板市场发展的基础

(一) 中国创业板市场的起源

1998 年 3 月，以成思危为代表的民建中央提交《关于借鉴国外经验，尽快发展中国风险投资事业的提案》，这开启了中国创业板的新征程。在 1999 年，党中央、国务院明确提出适时设立高新技术企业板块。2000 年，国务院决定设立国内创业板市场，且中国证监会决定由深交所负责创业板市场筹备工作，并公布了创业板市场规则咨询文件，但报告认为我国创业板市场在市场定位、上市标准、交易制度等方面还需进一步修订。2004 年在深交所推出了从主板向创业板过渡的中间产物——中小企业板。但中小企业无论从资金供应者角度，还是从融资效率、激励机制以及企业成长等角度来看，都无法满足我国日益发展的高新技术产业及中小成长型企业对资本市场的需求。其是在我国国民经济保持持续快速健康发展的基础上，居民收入稳步增长，股市资金供给相对充足，开设创业板市场，形成一个运用资本市场激活创新企业的机制，培育发展新的经济增长点，更具有现实意义。因此，2009 年 10 月 23 日，我国创业板在深交所正式启动，为我国科技创新型企业带来了新的融资方式，为我国资本市场注入了新鲜活力。

(二) 中国创业板市场设立的必要性

一方面，为中小高科技企业的持续发展提供融资渠道。2007 年，经过 20 多年的改革开放及科教兴国战略的实施，我国经济的总体水平有了很大程度的提高，民营经济蓬勃发展，尤其是大批高新技术企业脱颖而出，它们在科技成果吸纳上展现了惊人的能力，成为推动经济增长的生力军。据科技部统计显示，2006 年末，全国民营科技企业已达 13 万户，在全国 50 多个高新技术开发区的 4 万多家企业中，年营业收入超过 1 亿元的就有 3000 多家公司。然而融资问题却成为这部分企业持续发展的巨大障碍，中国人民银行 2006 年末的调查显示，能够获得银行信贷支持的中小企业仅占全部中小企业的 10% 左右，企业的融资总额中直接融资仅占 1.3%。我国虽于 2004 年在深圳证券交易所开设了中小企业板，截至 2007 年末，上市的中小企业只有 160 多家，中小企业所获得的金融资源与其在国民经济和社会发展中的地位和作用极不对称。这种状况阻碍了我国科技产业和民营经济的进一步发展，但也为即将推出的创业板市场积累了丰富的上市资源。

另一方面，推出创业板有助于完善中国资本市场的结构和格局。改革开放四十多年来，我国的经济结构、企业结构和产业结构的发展已经呈百花齐放的局面。虽然国有大型企业在国民经济发展中仍然起着非常重要的作用，但不可否认，民营经济在经济整体中的比重越来越大，建设多层次资本市场体系，包括中小企业、高技术企业、民营企业在内的各类企业，提供权益资本的融通渠道，为中国经济的持续发展提供制度保障越来越具有现实意义。创业板市场正是多层次资本市场体系中不可或缺的组成部分。

3.1.2　中国创业板市场的发展历程

较发达国家而言，中国资本市场起步较晚，创业板市场发展更是晚于美国、英国等发达资本主义国家。中国创业板市场的培育经历较长的时间，主要有以下几个阶段。

起步阶段（1999—2000 年）：1999 年 1 月，深交所向证监会正式呈送了《深圳证券交易所关于进行成长板市场的方案研究的立项报告》，标志着深交所实质性推进创业板市场的筹建工作；2000 年 2 月 21 日，深交所高新技术板工作小组宣告成立；2000 年 6 月 30 日，深交所第二交易结算系统正式启用；2000 年 8 月，深交所成立创业板筹备工作领导小组，创业板筹备工作全面启动。

波折阶段（2001—2003 年）：从 2001 年下半年开始，全球科技股泡沫破灭，海外以美国 NASDAQ 为代表的创业板市场纷纷失败或步入低谷，我国创业板的推出受到多方质疑，推出进程非常缓慢。之后，深交所积极探索、深入研究，提出了分步推进我国创业板的战略思路，并取得广泛共识。直到 2003 年 10 月，党的十六届三中全会召开并明确提出："建立多层次资本市场体系，推进风险投资和创业板市场建设"，创业板建设工作才得以重见天日，重新提上议事日程。

再次启动阶段（2004—2009 年）：伴随着全球经济逐渐向好，我国创业板市场的建设工作才实质性得以继续推进。2004 年 1 月，国务院发布《关于推进资本市场改革开放和稳定发展的若干意见》。其间，深交所经历了设立中小企业板块并不断完善的过程，之后，为创业板的正式推出奠定了基础。2009 年 10 月 30 日，首批 28 家创业板上市公司集中上市。

3.1.3　中国创业板市场的设立方式和运行机制

（一）中国创业板市场设立的方式

中国的创业板，又称二板市场（Second-board Market）即第二股票交易市场，是与主板市场（Main-board Market）不同的一类证券市场，专为暂时无法在主板上市的创业型企业、中小企业和高科技产业企业等需要进行融资和发展的企业提供融资途径和成长空间的证券交易市场，是对主板市场的重要补充，在资本市场有着重要的位置。国内创业板市场由深圳证券交易所设立，和深交所下的主板市场、中小板市场一起形成"一所三板"的局面。创业板市场采取附属于深圳证券交易所的运作模式，与深交所主板、中小板市场采用相同的交易系统和组织管理系统。上市标准更低，但是监管要求更高、信息披露更为严格。深圳创业板市场是主板市场的有益和必要的补充，在创业板上市的公司不能转换到主板或中小板市场去挂牌交易。在中国的创业板的市场代码是 300 开头的。在中国特指深圳创业板。在上市门槛、监管制度、信息披露、交易者条件、投资风险等方面和主板市场有较大区别。

（二）中国创业板市场的运行模式

宽严适度的市场准入制度。我国的创业板市场采取的是独立于主板市场，并与主板市场并行的战略方式。从市场准入制度来看，我国创业板市场上市条件明显低于主板市场。但是，与海外创业板上市规则相比，我国创业板市场的指标体系又更为严格和全面。第一，主体资格条件。创业板市场强调依法设立且持续经营三年以上的股份有限公司，定位服务成长型创业企业。第二，股本要求。发行前净资产不少于 2000 万元，发行后的股本总额不少于 3000 万元。第三，盈利要求。最近两年连续盈利，累计净利润不少于 1000 万元；或最近一年盈利，且净利润不少于 500 万元。第四，营业收入。最近一年营业收入不少于 5000 万元，最近两年营业收入增长率不少于 30%。第五，资产要求。最近一期末净资产不少于 2000 万元。

严格、高效的监管体制和信息披露制度。创业板市场的上市要求低，并不意味着对企业的监管要求就低，相反，要对其进行更严格的监管。在创业板上市的企业，规模小，经营风险高，使它们极易利用市场信息的不完全性进行内幕交易、市场操纵等违规行为，因此，这对我国的监管机制提出了更高的要求。为规避企业这种行为所产生的风险，我们应完善创业板市场的信息披露制度，包括上市时的信息披露和上市后持续的信息披露，使投资者尽可能掌握上市企业的全部信息，充分行使投资者的知情权，使他们充分了解投资风险和投资收益，在公平、公正、公开交易的基础上做出自己的投资决策。

严格的市场退市机制。当前，我国创业板在公司退市上的规定如下：（1）一旦确认了终止上市，那么就直接退市，不需要进入股份代办转让系统，如果企业退市之后满足转让条件，可以委托券商通过相关操作申请股份转让。（2）建立多元化退市体系，通过"负净资产"和"否定或者无法给出的审计意见"退市，这样可以提高公司资产质量。（3）必要情况下应启动快速退市程序，避免无意义的长时间停牌。具体解释为以下三种情形：一是不能按时在法定期限内根据公司情况披露各种报告的，此类公司最快退市时间为三个月；二是为鼓励上市公司能够更早地解决问题，重新恢复公司的正常运营能力，对于那些由于净资产为负而暂停上市的企业，不应再根据其以前年度的报告，而应根据公司的中期报告来决定是否退市；三是上市企业若出现了财务会计报告被出具否定或拒绝表示意见的审计报告而触及退市条款的，是否退市也是不应再根据其以前年度的报告，而应根据公司的中期报告来决定。

创业板退市流程：①由于创业板公司没有退市风险警示（＊ST）直接进入暂停上市→②暂停上市→③强制终止上市→④退市整理期→⑤摘牌→⑥进入转股系统，沪市的进入全国小企业股份转让系统，深市的进入全国中小企业股份转让系统。

3.1.4　中国创业板市场的公司特征

创业板市场的设立，其目的是更好地为具有创新成长能力的中小企业提供资本支持，促进国家的创新能力和创新成果产业化，从而在上市标准方面与主板存在很大的不同，这些不同直接或间接地造成了创业板所特有的一些现象。

首先，在市场定位上，主板主要是服务于进入成熟期、发展稳定的大型企业；中小板则主要是以进入成熟期，盈利能力较强的中小企业为服务对象；创业板的设立则不同于主板和中小板，主要服务于创业型中小企业，尤其是自主创新企业。国家的政策导向性在我国创业板的设立与推出过程中也得到了一定程度的反映：在创业板上市的企业，其经营主要分布于制造业、信息技术、运输仓储、传播文化、批发零售、社会服务等行业，大多是国家重点扶持的项目领域，为我国产业结构的转型升级起到了积极作用。同时，我国创业板的推出，对于旨在加强农村基础设施建设、提高农业生产力等一批支持农业发展的创业企业提供了广阔的空间，有效活跃了农村经济。比如，第一批在创业板上市的吉峰农机，融得资金后获得了长足的发展，一跃成为国内农机行业的龙头企业。另外，随着科学发展观的提出，资源节约型、环境友好型企业获得了国家重点扶持，创业板也有相关的政策导向，提高了我国经济可持续发展的能力。

目前，战略新兴板在市场定位上与创业板有一些衔接，总体目的在于推动资本市场在支持战略性新兴产业方面发挥更大的作用。战略新兴板定位与创业板相同，审核标准与主板一致，并会优先在主板排队的公司中挑选符合战略性新兴产业标准、获得券商推荐以及招股书披露完备且符合资质的企业在该板上市。上市条件上，战略新兴板将淡化盈利要求，主要关注企业的持续盈利能力。战略新兴板作为针对新兴产业的特色融资平台，一方面定位上与创业板有部分重合，对比效应将促进沪深两大交易所的良性竞争；另一方面上市条件相对创业板灵活为更多高科技企业新增了一个融资平台，将更好地服务大众创业、万众创新。

其次，在上市主体定位上，我国主板市场上市企业大多是业绩相对较为稳定的大中型企业，而创业板市场则主要是吸引具有巨大发展潜能和成长空间的中小企业。我国创业板的推出，在资源配置效率的提高上具有重大意义，精确上市公司市场定位，两个市场的模式能够更好地适应不同层次和风险收益偏好的投资者，促进资源合理高效配置。不同市场板块间，创新型企业和成长性企业在创业板市场中比重最高、中小板次之，主板相对较低。上市企业的市盈率也依次由高到低排列，创业板和中小板的企业市盈率明显高于主板。中小企业在我国的现实存在与高速发展，为创业板的建立、发展和完善提供了强大的基础。同时，创业板市场的建设，也为中小企业（主要是新兴企业、民营企业和科技型企业）等提供了新的发展动能，二者相辅相成，协同发展。

为了进一步完善我国资本市场，国务院在 2015 年 6 月颁布的《关于大力推进大众创业万众创新若干政策措施的意见》文件中指出"推动在上海证券交易所建立战略新兴产业板"，战略新兴产业板定位于服务战略性、创新型企业，和主板市场互通发展，实质上希望通过战略新兴产业板与其他板块不同的上市标准、战略定位来拓宽现有资本市场覆盖面。战略新兴产业板则重点在于促进战略性企业、创新型企业的融资，有效解决目前有很多大数据、维护国家经济安全、网络信息安全、文化安全等具有战略意义的企业在海外上市或计划到海外上市的企业外流现状，同时也为中概股回归提供了一条通道。但 2016 年初，在关于《中华人民共和国国民经济和社会发展第十三个五年规划纲要（草案）》修改情况的说明中，删除了"设立战略性新兴产业板"的相关内容。

最后，从国内主板、中小板、创业板中企业的特征来看，创业板的创新型企业和成长性企业比重最高、中小板次之，主板相对较低。从市盈率的角度观察，也得出了主板的上市企业市盈率也明显低于创业板和中小板，以创业板上市企业为对象，对其进行合理的定位是极其必要的。第一，经济发展的客观现实，提出了应该更多关注对于高科技企业和成长企业在资本市场上获得比较合理的融资服务，缓解当前融资难的现状。当前，专业人士大多认为，已经在上海或者深圳证券交易所上市和为上市的具有成长好、前景好、潜力巨大等特点的高科技企业可以作为高新技术板的上市对象。但是，现在的创业板已经远远不局限于此了，有学者认为创业板市场要定位在新的经济公司服务，其范围应该有所扩大，除了要包括原来的企业，尤其要关注具有较好成长潜力的中小企业和引领经济发展方向的新型企业。第二，创业板市场在选择上市企业时，对于上市对象的产业属性选择已经不再进行任何限制。当前我国创业板市场中的上市企业，既包含了具有使用高新技术改造生产的传统企业，同时也涵盖了生物医药、电子、环保等领域的高科技企业，在创业板上市的企业大多科技含量较高。第三，上市公司的所有制属性在创业板市场将不再进行限制。我国创业板市场的推出，有效地拓展了对拟上市公司对象的选择范围。当前，我国经济面临下行压力较大，如何实施"抓大放小""有进有退"的发展战略？如何加强非国有经济的支持力度？如何活跃非国有经济？进一步激发经济活力，有效应对我国当前经济下行的巨大压力，将会持续强化民营企业作为我国创业板上市的主体地位。

3.1.5 中国创业板市场规模

在 2009 年创业板推出之初，首批挂牌的 28 家公司，市值约 1500 亿元，总成交金额约 34 亿元，平均市盈率约为 115 倍。只用了 5 年时间，挂牌公司市值和上市公司数量均超过 13 倍，创业板发展迅速。截至 2020 年，挂牌公司数量增至 892 家，总市值 109338.54 亿元，已然成为较大体量的交易市场。创业板刚开始推出时，市场平均市盈率就很高，而在 10 年的时间里，人们也一直质疑创业板估值过高，2014 年 10 月 24 日，整个市场平均市盈率 66.8 倍，比纳斯达克市场市盈率高出约 2 倍，是主板市场的 6 倍。相对于结构相似的中小板的市盈率 40.59 倍，创业板还是高很多。与 2009 年 10 月 30 日首批上市企业的 111 倍平均市盈率相比，大约比沪市高 3 倍，比深市主板和中小板高 2 倍。经过十年的发展，创业板已经出现了一批具有相当规模的上市公司。根据 2019 年年报，我国创业板上市公司增长良好，业绩创新高：合计实现营业收入 1.57 万亿元（除暴风集团、神雾环保）；2019 年营收在 10 亿元以上的公司有 383 家，占全部创业板上市公司的 47.17%，其中有 15 家公司营收超过 100 亿元，上海钢联营收破千亿元。营收增速在 10% 以上有 392 家公司，占全部创业板上市公司的 48.28%，其中有 27 家公司营收增速超过 100%，华铭智能与达刚控股营收增速超过 400%。历史数据显示，创业板市盈率最高的年份是 2015 年，达到 96.02 倍，其中 2015 年 4 月至 6 月的市盈率均超过 100 倍，分别为 104.42 倍、140.94 倍和 112.75 倍。其次是 2009 年，为 79.09 倍，目前创业板的市盈率水平按年份排在第三位。

表 3-1 创业板历年数据变化

日期	数量（只）	总股本（亿元）	总市值（亿元）	流通股本（亿元）	流通市值（亿元）
2009 年 10 月 30 日（首批）	28	26.72	1399.67	4.89	250.69
2009 年 12 月 31 日	36	34.60	1610.08	6.47	298.97
2010 年 12 月 31 日	153	175.06	7365.21	50.37	2005.64
2011 年 12 月 30 日	281	399.53	7433.79	142.22	2504.08
2012 年 12 月 31 日	355	600.89	8731.20	242.05	3335.28
2013 年 12 月 31 日	355	761.56	15091.97	430.00	8218.82
2014 年 12 月 31 日	406	1077.25	21850.94	687.68	13072.90
2015 年 12 月 31 日	492	1840.45	55916.24	1168.88	32078.67
2016 年 12 月 30 日	570	2630.60	52254.50	1700.44	30536.90

日期	数量 (只)	总股本 (亿元)	总市值 (亿元)	流通股本 (亿元)	流通市值 (亿元)
2017 年 12 月 29 日	710	3258.49	51288.81	2186.48	30494.77
2018 年 12 月 28 日	739	3728.17	40459.58	2647.44	24542.94
2019 年 12 月 31 日	791	4097.11	61347.61	3061.86	40231.73
2020 年 12 月 31 日	892	4510.43	109338.54	3482.30	69630.41

3.1.6 中国创业板 IPO 发行制度

证券发行一级市场是指投资者从发行者手中买到新发行证券的市场。基于股票发行的内在关系进行划分，可以将其分为股票发行管理体制、股票的定价方法以及发行方式。其中，股票发行管理体制包括发行主体、发行数量的选择和发行时间的安排等。市场一系列的发行准则的变化体现了股份公司股票发行行为的演变与规范，也是影响这种发行行为的基础要素。股票发行的内容有：发行的条件、信息的披露和发行方式等。

由于中国各个时期实际情况不同，市场的上市标准、发行制度等也因国情而变。在市场准入机制方面也各有侧重。通常来讲新股发行的市场准入机制有三种：注册制、核准制及带有额度控制的审批制。

（一）我国曾经的股票发行制度：审批制

审批制是完全计划发行的模式，实行"额度控制"。拟发行公司在申请公开发行股票时，要经过地方政府或中央企业主管部门，向所属证券管理部门提出发行股票申请，经证券管理部门受理，审核同意转报证券监管机构核准发行额度后，可提出上市申请，经审核、复审，由证监会出具批准发行的有关文件，方可发行。

（二）我国目前的股票发行制度：保荐和审核制

保荐人制度。对发行人发行证券进行推荐和辅导是由保荐人负责，并由其核实公司发行文件中所载资料是否准确、真实、完整。信息披露中重要的一环就是保荐人制度。保荐人制度在国际上多产生于二板市场，因为其所服务的中小企业多兼具高成长和高风险的特点。2004 年《证券发行上市保荐制度暂行办法》颁布，明确提出了我国实行保荐人制度，并开始在主板市场应用。后来，经过多次修改，在创业板市场采用的保荐人制度更加突出了上市企业在信息披露方面的要求：对于各市场上企业的督导期，主板和中小板为 IPO 上市后两年又一期、再融资后一年又一期；而创业板则明确修订为 IPO 后三年又一期、再融资后两年又一期。保荐人在督导期间，主要职责包括交易所与发行人主要沟通渠道、对照发行人盈利预测决定和业务目标声明是否作出公告，对年报半年报季报、文件、公告进行复核等。我国创业板市场的建立，为了更有利于保护投资者，加强信息披露，降低风险，规定了更长的持续督导期。我国创业板市场对于临时报告的披露范围要求更为广泛，除关联交易和募集资金外，还包括为他人提供担保、委托理财等重大事项；同时，保荐机构还应对各公司的临时报告内容进行分析，并要求发表独立意见并在指定的网站上予以公开。

目前，我国创业板采用的是核准制，但在发审委员会的设置上与主板略有不同，更强调了专业性和独立性。2009 年 5 月 13 日，我国在发布的《关于修改〈中国证券监督管理委员会发行审核委员会办法〉的决定》文件中明确规定，主板发审委员 25 人（证监会 5 人和证监会以外 20 人）；创业板发审委员 35 人（证监会 5 人和证监会以外 30 人）。明确要求在我国创业板发审中独立设置发审委，主要吸收行业专家。主板、创业板、并购重组委委员不相互兼任。对于委员的选择也有了更高的要求，在所从事的领域内有较高声誉，应精通所从事行业的专业知识。但随着呼声渐高的注册制的推出，发审委员会将问题逐渐向社会披露，关注问题主要集中在财务数据和行业发展趋势上。

再则关于审核创业板上市方面，2009 年 5 月 2 日中国证券监督管理委员会正式发布了第 61 号令《首次公开发行股票并在创业板上市管理暂行办法》，在该办法中对在创业板上市的公司提出了初步的全方位要求。2014 年 5 月 14 日，证监会发布《首次公开发行股票并在创业板上市管理办法》，对该办法进行修订，此次修订主要涉及三个方面，一是适当放宽财务准入指标，取消持续增长要求；二是简化其他发行条件，强化信息披露约束；三是全面落实保护中小投资者合法权益和新股发行体制意见的要求。2018 年 6 月 6 日证监会又颁布了《关于修改〈首次公开发行股票并在创业板上市管理办法〉的决定》，在此次修改中，对创新型企业在境内公开上市提供了便利条件，并加强对即将上市的企业信息披露的要求以及上市企业保荐机构、保荐人的要求，进一步规范创业板上市企业。

（三）我国股票发行制度的演变：注册制

注册制是目前成熟资本市场普遍采用的发行体制。证券注册发行制是指证券发行申请人依法将与证券发行有关的一切信息和资料公开，制成法律文件，送交主管机构审查，主管机构只负责审查发行申请人提供的信息和资料是否履行了信息披露义务的一种制度。最重要的特征是：在注册制下证券发行审核机构只对注册文件进行形式审查，不进行实质判断。2018年11月5日，习近平总书记表示，将在上海证券交易所设立科创板并试点注册制，支持上海国际金融中心和科技创新中心建设，不断完善资本市场基础制度。推进股票发行注册制是一种历史趋势，是资本市场市场化程度提高的必然结果。中国目前实行的是股票发行核准制，西方成熟的资本市场更多程度上实施的是注册制，更加适合我国未来股票发行制度的趋势，所以现在的主要任务是如何平稳地从核准制过渡到注册制。核准制延长了新股上市的准备时间，相对减少上市公司的数量，这对上市公司带有一种隐性"背书"，更加激发二级市场投资者对企业 IPO 的追捧，加剧市场的不理性行为。注册制让资源分配在市场发展中更具合理性。长期来看，注册制改革的目的还是让资本市场更好地为实体经济服务，推动投融资功能平衡协调和资本市场长期稳定健康发展。因此，以后在中国创业板上市企业只要在将注册书送达交易所之前在中介机构的帮助下按照完成自身条件审核，在送交交易所审核通过之后就可以完成上市前期准备，获得上市资格。大大减少等待时间，降低上市成本，对于中小企业来讲是极为有利的。

3.1.7 中国创业板 IPO 发行定价机制及方式

IPO 发行机制，主要是指 IPO 的定价、分配和出售给投资者的整个机制过程。新股在进入市场之前需要进行定价，即 IPO 定价，是对股票价值的事前判断，IPO 定价要想精确地定价新股是非常困难的，因为 IPO 定价行为是不完全信息博弈。但无论如何，处于 IPO 发行机制形成的前端环节的 IPO 发行价格的确定，此环节是新股发行最原则最基本的内容，新股发行的成功与否很大程度上由股票发行价格的高低决定，它同时也是各参与主体根本利益所在，影响着上市之后公司的表现。为此，在国内证券发行（一级）市场发行规则不断演化的大背景下，IPO 发行定价机制不断完善对健全 IPO 发行机制有十分重大的理论与实践意义。

我国证券市场在发展的历程中，针对新股进行的 IPO 发行定价机制在不断学习、借鉴发达国家和地区的经验基础上，不断完善，经历了多个发展时期。目前，我国已建立起由沪市主板、深市中小板、创业板、北京新三板市场，以及各地方的股权交易市场等同时存在的多层次资本市场体系。

（一）创业板IPO发行流程

我国创业板企业上市过程，在经过了投行辅导、上市申报和审核后，主要剩下的就集中在了发行和上市程序上：（通过证监会发审委审核）→①发行核准→②刊登招股意向书→③询价并路演→④网下及网上发行→⑤验资→⑥上市申请→⑦挂牌上市。这一过程是价值不断发现的过程。

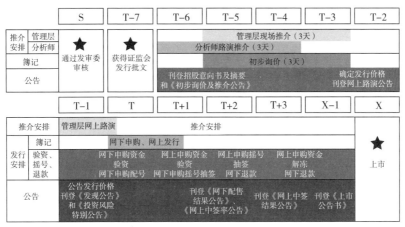

图 3-1　创业板发行流程和价值发现

（资料来源：深交所董秘培训 25 期，中国国际金融有限公司）

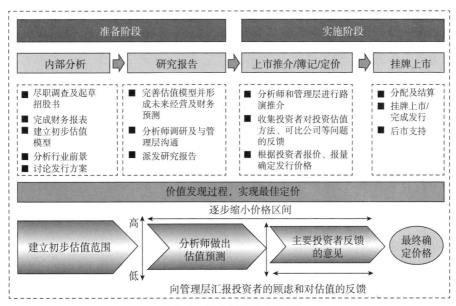

图 3-2　创业板 IPO 时间图

（资料来源：深交所董秘培训 25 期，中国国际金融有限公司）

（二）中国创业板IPO 定价机制的转变

中国创业板 IPO 定价机制逐步由行政化向市场化机制转变。我国针对股票市场运行的最初十年，主要是以制约最高的市盈率来明确 IPO 的价格，也就是说 IPO 定价的主要方式是采用行政手段进行，原则上，拟发行上市的股票的最高市盈率不得超过 20 倍。现金流贴现的方法从理论上讲是较为合理、正确的，但是有很多假设条件需要进行。采取市盈率定价法与现金流贴现模型的最终效果是一致的，不管是否考虑之前的假设，当然，我们也不能说市盈率模型定价效率是最高效的。目前，我国证券市场发行机制采用的询价制其实质是累计投标与固定价格发售的混合机制，从 2005 年开始运行。我国股票市场起步较晚，整个市场属于新兴市场，各方面的发展状况与条件一定程度上讲还有很多缺陷，不仅缺少对优秀股票的价格发现机制，而且风险防范能力也比较差。在一定程度上讲，存在的系统误差可能导致股票的价值高估，影响二级市场股票交易的要素很多都是非市场要素。早前所采用的行政定价的方式适应中国初期股票市场，因为简单而且易于实施，但是，行政定价的方式很容易导致股票系统误差，也就更不可能真正地反映市场的变化。从另外一个角度考虑，按照市场发展规律，系统迟早会被修正，而且这个过程不能够过于迅速，否则会导致投资者等利益相关者的重大损失。

随着时间的推移，我国多层次资本市场不断发展，不可控因素越来越多地影响着股票的价格，通过行政手段越来越难以确定 IPO 发行的价格，也很难能够正确地反映市场供求关系。为了不断推进我国资本市场的向前发展，采用国际惯例应不断引入市场化的发现机制，推进市场定价。但市场化定价的推出应结合我国证券市场的特点，探寻更加适合我国市场特殊性的定价与发行方式，这样才能不断提高我国证券市场的运行效率。在符合相关法律的条件下，市场化的股票发行机制是以供求关系为依托，合适的发行方式是通过承销商和发行人的协商来确定，公开的程序，以此来获得比较公平的价格，待价格确定之后再向投资方发行股票，整个过程的核心是发行方式和价格的确定。在市场化机制下，其定价效率比行政定价的方式更高，投资者之间进行互动并充分地考虑投资者的需求，以此寻求市场供需的平衡点。同时，市场化定价机制可以有效减低市场的风险，可以更好地促进股票估值相关理论与技术的发展。

（三）中国创业板IPO 定价方式

我国创业板市场在正式推出前，结合相关市场经验进行了完善，在颁布的《首次公开发行股票并在创业板上市初步询价及推介公告》中明确提出：创业板上市的股票发行均采用网上和网下同步发行策略，即在网上向社会公众投资者定价发行和网下向配售对象询价配售相结合的方式来共同进行。同时，对于参与创业板的投资者，必须确认参与申购的投资者一定要具有创业板的投资资格，这些投资者的账户信息必须在中国证券登记结算有限责任公司进行了完备的登记，若是作为个体投资者，还要求必须开通创业板市场交易并符合创业板的相关规定。

由于我国证券市场起步晚，在没有证券市场之前，我国股票的发行价格大多数都是直接以面值为发行价，定价也没明确的制度。20 世纪 90 年代证券市场得以初步建立，发行价格基本上由证监会决定，公司无法参与决定，采用浮动很小的市盈率方法。经过发展，我国证券市场上目前采取的股票定价方法主要有：法人配售与上网发行相结合、向二级市场投资者配售、上网竞价和上网定价等。

（1）上网询价发行方式

上网询价发行方式是指在发行当天（申购日），主要的承销商并不给出确定的发行价格，而只是给出一个大致的价格范围，此方法并不能直接确定上市企业的改行价格，该发行方式与股票上网定价发行方式一定程度上具有类似性。投资者需要在这个给出的价格区间进行申购委托（超出这个区间购买无效）。这个过程结束后，固定的发行价格方可由主要的承销商根据结果确定一个超额的倍数来进行确认。此时，价格高于此价格方才有效，之后，证券交易所交易系统据此认定有效申购数，然后再依据发行数量、有效申购户数和有效申购总量最终确定申购者的购买股票数目。

（2）上网定价发行方式

上网定价发行方式是指，主要的承销商作为唯一的股票卖方，将需要发行的股票输入其股票发行账户内，使用证券交易所的交易系统，在特定的时间和价格由投资认购者通过证券网络进行委托申购。同样，申购结束后，交易系统确认最终申购者的股票购买数目。

（3）向二级市场投资者配售发行方式

按照投资者持有的证券市值来进行股票的配售就是向二级市场投资者配售发行方式。

（4）网上、网下累计投标询价发行方式

网上、网下累计投标询价发行方式是一种发行价格、数量均不确定的发行方式。在股票发行当天，主承销商只给出申购区间，同时给出网上、网下预计的发行数量，但是最终的发行数量和股票价格则需要依据申购的最终结果来确定。网上、网下申购结束后，主承销商依据申购资料，以报价为基础从高到低计算价位和数量，同时按照一定的倍数最后确定发行价格。发行数量的确定方式为：在申购结束后，主承销商会以实际申购情况为基础，进行网下、网上的有效回拨。哪一方申购不足则在另外一方超额认购，若两方都超额或者不足，则通过回拨使得两方的比例达到合理。

（5）向二级市场投资者配售和上网定价结合发行方式

配售和网上定价结合发行方式是指按一定的比例向二级市场投放配售将要发行的新股，按照其原有的证券市值由投资者进行认购，最后再确定相应的价格和股数。

（6）网下法人配售和网上定价结合发行方式

网下法人配售和网上定价结合发行方式指在新股发行时，新股向法人按一定比例进行配售。这样的法人分为两类，分别称为战略投资者和一般法人。战略投资者是指与发行公司业务联系紧密且欲长期持有发行公司股票的法人；一般法人是指与发行公司无紧密联系的法人。同时，会要求法人与发行公司为同一企业集团的法人或有股权关系不得参加配售。

（7）全额预缴款方式

全额预缴款方式主要包含两种：第一种是全额预缴款、比例配售、余款转存；第二种是全额预缴款、比例配售、余款即退。证监会在1996年12月发布了《关于股票发行与认购的暂行规定》，明确指出这个阶段的全额预缴款、上网定价及与储蓄存款挂钩三种方式。

（8）与储蓄存款挂钩

国务院于1993年8月颁布了股票发售与认购办法，这个办法出台主要是明确了股票IPO发行新股能够采取与储蓄存款挂钩的方式进行。此种方式规定了在一个期限内可以无限量发售专项定期存单，每张单据包含的可认购数量和发行股票数量是根据专项定期存单发行数量来进行确认，根据摇号这种随机手段来确认中签者，由此来确认中签率（注：就股票发行方式问题证监会专门于1995年10月发布了《关于股票发行与认购的意见》，意见明确了股票发行能够采取与储蓄存款继续挂钩的方式）。

（9）新股认购表方式

我国在1991年和1992年期间采取的方式是限量发售认购表方式，但是制度在1993年变成了无限量发售。在整个过程中，投资者若想通过此种方式购买股票，必须先进行认购表的购置，在一定的时间内此种表是采取无限量发售方式进行，如果股票发行量反而远远少于有效申购的数量，那就要对认购进行连续排号，通过采取抽签的方法产生中签号码，确定投资者具体的认购股票数量。

（10）定向募集发行方式

新中国成立后的第一只股票是上海飞乐音响，在当时我国的证券市场的大背景下，股票发行通常采取的是内部认购方式。这种方式的科学性受到了很大的质疑，被认为并不符合证券市场所推行的公开、公平、公正的操作原则。

3.2 境外创业板市场发展的基本情况

3.2.1 境外创业板市场发展的基础

第二次世界大战以来，美国在世界经济发展中长期处于领先地位，尤其体现在实体经济与虚拟经济的结合方面。为了配合经济结构调整与资本市场分工，美国在 1971 年 2 月 8 日正式运营纳斯达克，纳斯达克也成为其他国家完善资本市场建设的参照。境外主要经济体从自身现状出发，先后设立了 70 余家创业板。综观世界各个国家与地区的创业板市场，称谓不尽相同，有称之为"另类投资市场（AIM）"，也有称之为"新市场（NM）"，还有称之为"成长企业市场（GEM）"和"技术股票市场"等，但都是为了向高成长性企业提供融资，有效促进地区的新兴产业发展，其内在机理基本上是一致的。为满足小型、新兴和成长型企业进入公开资本市场的需要，1995 年 6 月，伦敦交易所设立了 AIM 市场。成立以来，AIM 市场发展迅速，已经成为全球中小型企业的主要融资市场，AIM能与纳斯达克市场比肩，一度成为全球最有活力和影响力的市场之一。AIM由各行各业的公司组成，目前市场上涉及了 33 个不同行业。创业板市场与主板市场，甚至是中小板市场都是相对的概念，创业板市场的产生往往表明主板市场已经发展到了一定的规模和范围，并且已经达到了一定的成熟度。这时，为了证券市场能够更好、多层次地为企业提供融资服务，才会出现类似于创业板市场等创新形式，这也正是证券市场创新的重要形式。

3.2.2 境外创业板市场发展历程

创业板的企业更新速度很快，是资本市场一种新的形态。创业板市场早在 1990 年就在诸如美国、澳大利亚、新加坡等一些发达国家的自由经济体中出现。但是，这些国家的创业板市场发展并不都是一帆风顺的，除了美国的纳斯达克市场，其他国家的创业板市场规模大多没有发展起来，影响力也大都非常有限，生存能力相对来说就更弱，甚至有些国家或地区的创业板已经无法继续，直到倒闭、消失。

（一）高速增长阶段（1995—1999 年）

在 1995 年到 1999 年期间，全球的创业板市场处于高速增长阶段，市值规模从起初的 38004.8 亿美元到期末的 61958 亿美元，约增长了 63%，每年上市公司的数量平均约为 22772 家。

具有较好代表性的英国 AIM 市场，它于 1995 年 6 月设立，这一时期 AIM 市场稳定高速增长，上市公司由设立时的 10 家增长至 2000 年的 524 家，总市值由约 1 亿英镑增至 149.4 亿英镑。1998 年底，在纳斯达克市场上市的公司已超过 5068 家（其中在全国市场上市的公司有 3919 家，在小型资本市场上市的公司有 1149 家），总资产达到 29296 亿美元，直接投资者约有 1100 万人。1999 年纳斯达克市场交易额以近 11 万亿美元超越纽约证券交易所，自此纳斯达克正式成为纽约交易所的竞争对手。

这一时期创业板市场的本质特征开始显露，部分境外创业板市场开始调整行业结构，并取得了相当明显的成果，但是大部分发展较好的创业板市场并未取得理想的优化调整结果。从创业板市场设立数目来看，这一时期的发展可谓迅猛，但是客观来讲创业板市场的设立必须从国家经济现状出发，最终目的是要服务于国家经济长远发展大计，盲从设立而缺乏运营准备最终导致大批境外创业板市场的夭折。

（二）经济泡沫阶段（2000—2004 年）

2000—2004 年产生了互联网泡沫，全球各个国家或地区的创业板市场也随之进行了适当的调整。受"网络股神话"破灭、美国"9·11"等突发事件，以及前一阶段新创设的创业板市场制度体系不够健全，行业结构较为单一等的影响，到了 2002 年底，全球创业板市值已经到了历史最低，仅有 2087.09 亿美元，上市公司的数目也减少到 8279 家。

NASDAQ 综合指数从 2000 年 3 月 10 日的最高 5132.52 点跌至 2002 年 10 月 10 日的 1108.49 点，跌幅逾 75%。NASDAQ 市场 IPO 家数从 1999 年的 485 家降为 2001 年的 63 家，交易金额从 2000 年的 20.4 万亿美元降至 2001 年的 7.3 万亿美元，下降幅度分别达 87% 和 64%。

由于部分创业板市场及时进行了上市公司行业结构的优化调整，因而在"网络股神话"破灭后所受影响并不十分显著,基本上在 2002 年底前后都已经调整过来,甚至在此期间占得先机后得以有效发展壮大,其中最具代表性的莫过于英国 AIM 市场。尽管该市场综合指数至 2004 年 12 月最后两个交易日方才重新收复 1000 个基点,但该市场 IPO 融资却一直在进行中,期间月融资均值达 1.84 亿英镑,最小值也有 1220 万英镑,新增融资额呈现出较显著的"上升通道"特征,上市公司总数也是维持稳中有升之势;而 AIM 综合指数及总市值在 2003 年 4 月起也成功地重拾升势。

在这个时期,创业板大幅度倒闭,大幅度缩水的科技股导致欧盟股票自动报价市场(EASDAQ)在 2003 年 6 月被迫关闭。从创业板市场内部看,主要是由于创业板市场制度设计不够完善、行业结构优化调整成果不够理想,不能够有效应对突发性危机的冲击、防范重大风险能力薄弱,导致了全球创业板市场低迷的结果。

(三)运营优化阶段(2005—2007 年)

危机的出现使境外创业板市场陷入困局,又迫使创业板重新审视建设运营过程中不够重视乃至忽视的问题。通过优化组织形式与运营策略,境外创业板市场逐步走出困局。市场融资及投资功能基本恢复,并且上市公司质量得到了提升。2005 年美国纳斯达克市场 IPO 达 170 家,融资额 121 亿美元,分别较 2003 年增长 203.57% 和 97.07%;而英国 AIM 市场的复苏情况更好,上市公司总数净增 673 家,累计融资 408.19 亿英镑。

境外创业板市场逐步认识到竞争力的重要性,为了强化自身对投资者的吸引力,积极推动本国创业板市场交易所化。随着新兴经济体的地位不断加强,谋求自主创新能力成为它们的重要目的,日益重视科技企业的发展、扶持科技产业的壮大,开设创业板市场成为迫在眉睫的事项被提上日程。最具代表性的是印度在 2005 年 1 月 7 日成立的 IndoNext 市场,该市场在成立当年上市公司总数便突破 2000 家,总市值接近 200 亿美元。

(四)震动调整阶段(截至 2009 年)

2007 年美国次贷危机的突然爆发并发展为全球性金融危机、2009 年希腊主权债务危机的不断蔓延,让境外创业板市场建设的复苏进程再度中断,重新进入震荡调整阶段。

NASDAQ 综合指数持续调整,并在 2009 年 3 月 9 日回落至本阶段最低点 1268.64 点(较 2008 年开盘指数 2653.91 点的降幅逾 52%)。AIM 指数也在同一日跌至本阶段最低点 373.76 点(降幅较 2008 年开盘指数 1052.52 点更是达到了 64.49%）。这一阶段，不仅市场规模急剧缩减，而且创业板市场的建设热情基本消退，此外争取优质上市资源成了各国创业板市场的重点工作，各主要市场将目光放到国际，以扩大优质企业来源。

3.2.3 境外创业板市场的设立方式和运行模式

（一）境外创业板市场的设立方式

创业板可以由证券交易所直接开设，比较典型的有英国的 AIM，中国香港的 GEM，以及新加坡的 SESDAQ 等证券交易所。交易所建立第二板市场，上市条件和标准都与主板市场不同，这样的话可以吸引与主板市场公司在股本规模、股权分散、经营状况等方面有所不同的公司在第二板上市。也可以由非证券交易所的机构设立，它的设立机构通常是本地区的券商协会，旨在为本地区提供自动股票报价的资本市场。典型的就是美国NASDAQ、韩国 KOSDAQ 和欧洲 EASDAQ。还可以通过对原先存在的证券交易所进行重组、合并或市场重新定位等方式发展转变而成创业板市场。如加拿大创业交易所，是将具有高成长性的中小企业作为市场主要定位目标，是通过此种方式设立的典型代表。

（二）境外创业板的运行模式

从世界范围来看，境外创业板市场有着不同的运行模式，模式的确定与各自资本市场的发展程度、创业板市场的发展战略规划等因素息息相关。创业板附属于主板市场，和主板市场拥有相同的交易系统。附属模式的创业板和主板市场有相同的监管标准和监察队伍，只是上市标准不同。附属模式有附属递进式和一所两板平行式两种具体形式。如中国香港的创业板和新加坡、马来西亚、泰国等国的二板市场。

创业板与主板都有自己的体系独立运行，创业板有属于自己的管理模式、交易系统和交易规则，这种模式被称为独立设立模式。与主板市场相比，创业板市场有独立的交易管理系统和上市标准，完全是另外一个市场。目前世界上采用这种模式的有美国的纳斯达克、日本的佳斯达克、我国台湾地区的场外证券市场等。

新市场模式是在现有证券交易所内设立一个独立的为中小企业服务的交易市场，对企业的上市标准低。上市公司除须有健全的会计制度及会计、法律、券商顾问和经纪人保荐外，并无其他限制性标准。如伦敦证券交易所的替代投资市场，加入 AIM 市场两年后若无违规现象，即可申请在伦敦证券交易所挂牌。这种模式的创业板和主板之间是一种从低级到高级的提升关系。

一般来说，创业板多依附在主板市场上发展。创业板依附主板可以借助主板的资源，减低自己的成本，但是这也导致其缺乏独立性，可能沦为主板的后背市场。三种设立模式各有优劣，也在各个层面展现出了各自的发展活力，并不能简单地判断孰优孰劣。

3.2.4 境外创业板市场的公司特征

(一) 境外创业板公司的总体特征

海外创业板企业的构成有国际化、多层次、行业广泛等特点，在海外创业板市场集中度趋于提高、两极分化的格局基本形成并向纵深发展的趋势下，各大创业板市场依据实际情况，通过执行差异化的发展战略，在企业层面形成了各不相同的特色。

目前，全球最大的创业板市场美国的 NASDAQ，在 2006 年 7 月进行内部分层，增加全球精选市场（The Nasdaq Global Select Market），其上市指标与纽约证券交易所的主板市场一致，但门槛略高于纽约交易所。同时，NASDAQ 将全国市场板块更名为全球市场（The Nasdaq Global Market），但上市条件未改变。分层后，纳斯达克内部形成三个层次：全球精选市场、全球市场和资本市场，不同市场制定差异化的上市标准和持续上市标准，分别吸引海内外大型蓝筹企业、中型企业和小微型企业。并且由于在不同层次上市公司的规模、行业不同，相应的主体特征也不同。在全球精选市场上市的企业主要是大型企业，这种类型的企业规模较大，运行规范，能够保证良好的持续经营；全球市场为世界各地的中型企业提供了进入美国资本市场的平台；资本市场是为小市值企业提供发展业务的上市融资平台。不过 NASDAQ 上市公司涵盖行业众多，尤其是新兴互联网企业、生物科技企业等，为高新技术企业提供了强有力的融资平台。通过以上分析，可以将 NASDAQ 上市公司的特征概括为：层次分明，区域分布广泛，国际化显著。

当伦敦证券交易所创建 AIM 时，目标是为来自任何国家和任何行业的小公司提供筹集资金的机会。英国另类投资市场（Alternative Investment Market，AIM）于 2018 年 1 月 3 日注册成为中小企业增长市场（SME Growth Market），因此在该市场上市企业多是小规模、新成立和成长型的公司。根据伦敦证券交易所（London Stock Exchange）提供的公司名单，截至 2017 年在 AIM 市场上市的公司一共有 922 家，其中市值最高的是一家德国的金融公司 BURFORD CAPITAL LIMITED，其市值为 3620.84 百万英镑，仅为总市值的 4%；从行业分布来看，英国 AIM 市场囊括了金融业、建造业、基础材料业等十个行业。由此可见，在英国 AIM 市场上市的公司特点可以归纳为：规模不大，行业分散且兼具海内外。

（二）亚马逊公司（纳斯达克上市）

亚马逊公司（Amazon，简称亚马逊；NASDAQ：AMZN），是美国最大的一家网络电子商务公司，位于华盛顿州的西雅图，是网络上最早开始经营电子商务的公司之一，亚马逊成立于 1995 年，已成为全球商品品种最多的网上零售商和全球第二大互联网企业。1997 年 5 月 15 日，亚马逊在纳斯达克上市，截至 2018 年底，亚马逊市值与微软、谷歌、苹果处于纳斯达克市场第一梯队，明显高于其余创业板企业，成为纳斯达克市场上的领头羊。

亚马逊公司具有非常强的成长性，且具备强大的盈利能力，在经济泡沫时期，不少成长迅猛的网络公司纷纷倒闭，亚马逊成为为数不多的盈利者，2002 年第四季度，亚马逊的纯利润约有 500 万美元，到 2004 年则增长到 3 亿多美元。从近年的财务状况来看，亚马逊的资产、负债、所有者权益都有明显地增长。可以明显看到非流动资产在这四年中无论是数额还是占比都在急剧地膨胀，这与其近年的各类投资有关。在此期间亚马逊收购了 ComiXology 漫画公司、Twitch 视频游戏流媒体服务公司，并通过入股的方式将业务多元化，深化其在全球范围的业务布局，为了增强技术创新能力增设研发中心。

表 3-2　亚马逊资产负债状况　　　　　　单位：亿美元

项目	2019 年 12 月 31 日	2018 年 12 月 31 日	2017 年 12 月 31 日	2016 年 12 月 31 日	2015 年 12 月 31 日	2014 年 12 月 31 日
流动性资产	963.34（42.77%）	751.01（46.17%）	601.97（45.84%）	457.81（53.22%）	364.74（53.87%）	313.27（55.60%）
非流动性资产	1289.14（57.23%）	875.47（53.83%）	711.13（54.16%）	402.41（46.78%）	312.31（46.13%）	250.13（44.40%）
合计总资产	2252.48	1626.48	1313.10	860.22	677.05	563.40
流动性负债	878.1（53.81%）	683.91（57.42%）	578.83（55.87%）	438.16（65.65%）	338.99（62.40%）	280.89（61.60%）
非流动性负债	753.76（46.19%）	507.08（42.58%）	457.18（44.13%）	229.21（34.35%）	204.22（37.60%）	175.10（38.40%）

续表

项目	2019 年 12 月 31 日	2018 年 12 月 31 日	2017 年 12 月 31 日	2016 年 12 月 31 日	2015 年 12 月 31 日	2014 年 12 月 31 日
合计 总负债	1631.88	1190.99	1036.01	667.37	543.21	455.99
股东权益 合计	620.60	435.49	277.09	192.85	133.84	107.41
每股账面 价值	124.62	88.69	57.25	40.43	28.42	23.10

（三）BURFORD CAPITAL LIMITED（英国 AIM 上市）

表 3-3　BURFORD CAPITAL LIMITED 财务状况　　单位：百万美元

项目	2019 年 12 月 13 日	2018 年 12 月 13 日	2017 年 12 月 13 日	2016 年 12 月 13 日	2015 年 12 月 13 日
非流动性资产	2360.93	1829.08	1275.01	776.82	371.78
流动性资产	291.05	489.90	224.34	191.41	222.32
资产总额	2651.98	2318.98	1499.35	968.23	594.12
流动性负债	88.34	172.86	66.63	94.99	27.70
非流动性负债	1030.65	782.97	634.16	277.09	132.39
负债总额	1118.99	955.83	700.79	372.08	160.09
全部股本	1532.99	1363.15	798.56	596.16	434.03
本期利润	212.11	317.58	249.30	108.87	65.67

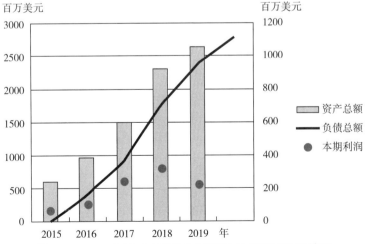

图 3-3　BURFORD CAPITAL LIMITED 的资产负债情况

通过观察资产、负债与利润总额的变动趋势，我们可以明显看出，BURFORD CAPITAL LIMITED 的经营状况较好，公司保持着快速成长能力，且盈利能力非常强。负债的快速增长是该公司的一大显著特征，占总资产的比重由 2015 年的 26.95%上升到 2019 年的 42.19%，且在此期间股本增长至原先的 3.53 倍，利润增加为原来的 3.22 倍。2003—2017年，每股收益增长 4.55 倍，年均增长率为 53.5%。这是一家非常具有成长性、盈利能力强的企业，并且在 2017 年，它一度成为 AIM 市场上市值最高的企业，可以说是市场上金融行业的代表，它并非英国本土企业且仅占 AIM 总市值的 4%，这反映了英国 AIM 企业规模不大且兼具海内外的特征。

3.2.5 境外创业板市场的规模

（一）创业板梯队

截至 2009 年，全球各个国家或地区的创业板市场发展数量累计有 76个，其中以失败而告终的有 35 个。根据各个创业板市场的最新市值规模和上市公司的数量，可以将海外的创业板市场分为 3 个层级：第一层级的市场是指市值大于 1000 亿美元且公司数目接近 1000 家，典型的有美国NASDAQ、日本的佳斯达克和英国 AIM 等；第二层级是创业板市场的市值在200 亿~1000 亿美元且上市公司在 100~1000 家，典型的有中国台湾店头市场，日本 MOTHERS 和中国香港创业板等；剩下的更小的创业板市场为第三层级，包括巴西和印度的创业板市场在内总共有 19 个。

表 3-4 海外创业板市场市值规模情况

所处地位	市场名称	市场数量	市值占比（%）	市值占比（剔除纳斯达克,%）
第一梯队	美国纳斯达克、英国 AIM、日本佳斯达克、韩国 KOSDAQ、加拿大 TSX-V	5	93.97	63.05
第二梯队	中国台湾店头市场、日本 MOTHERS、日本 HERCULES、中国香港创业板	4	2.51	15.4

所处地位	市场名称	市场数量	市值占比（％）	市值占比（剔除纳斯达克，％）
第三梯队	华沙 Sitech、巴西 SOMA、巴西 NEUVO MARCATO、印度 Indonext、雅典 Alternative Market、意大利 Nuovo Mercato Expandi、德国 Open Market Entry Standard、新加坡凯利板、OMX 集团 First North、马来西亚吉隆坡二板市场、纽约泛欧交易所 Alternext、爱尔兰 Enterprise Exchange、马来西亚麦斯达克、南非 Alternative Exchange、塞浦路斯 Alternative Exchange、塞浦路斯 Parallel Market、塞浦路斯 Investment Company Market、土耳其 Second National Market、泰国 MAI	19	3.49	21.35
第四梯队	澳大利亚 NSX、新西兰 NZAX、土耳其 New Economy、澳大利亚 BSX、澳大利亚 APX、菲律宾 SME Board、南非 Venture Capital Market、南非 Development Capital Market、瑞士 Local Caps Segment	9	0.03	0.2

资料来源：王晓津、佘坚：《国际创业板市场发展状况及趋势研究》，深圳证券交易所综合研究所，2008 年 5 月。

（二）市值与企业规模

表 3-5　境外主要创业板市场基本情况（截至 2020 年 12 月）

市场名称	设立时间（年）	总市值（亿美元）	上市公司总数（家）
美国 NASDAQ	1971	508085.087	3649
英国 AIM	1995	1762.1679	819
日本佳斯达克	1998	975.1714	666
韩国 KOSDAQ	1996	35.31	1468
加拿大 TSX-V	2002	60.88	1805
中国台湾证券柜台买卖中心（创业板）	2014	2.22	87
中国香港创业板	1999	130.2284	369

境外创业板市场发展并不均衡且各具特色，从总市值上看，美国纳斯

达克市场毫无疑问是最为庞大的达到 508085.087 亿美元，且上市公司数明显多于其他市场，总共有 3649 家。英国 AIM 市场总市值达到 1762.1679 亿美元，共有 819 家上市公司。日本佳斯达克市场有 666 家上市公司，总市值 975.1714 亿美元。韩国 KOSDAQ 市场上市公司 1468 家，总市值 35.31 亿美元。中国台湾证券柜台买卖中心创业板仅有 87 家公司，总市值 2.22 亿美元。从市值层面看，纳斯达克、英国 AIM 的总市值均超过千亿美元，日本佳斯达克市场接近千亿美元，这三个市场无疑是境外最为庞大的创业板市场。从企业规模上看，纳斯达克、加拿大 TSX-V、韩国 KOSDAQ 三家市场的上市公司数过千，排于企业规模的前三位。

境外创业板市场发展起步阶段有所差异，美国纳斯达克起步最早，遥遥领先于其他市场。英国 AIM 市场、日本、韩国、中国香港的创业板，它们都在高速增长阶段设立，经受过创业板市场多个危机的考验。这几家创业板的市场组织结构完善、有明确的发展规划、具备应对重大风险的能力，是创业板差异化、国际化大趋势下有特色竞争力的市场。

3.2.6 境外创业板 IPO 发行制度

（一）市场准入机制

NASDAQ 采用注册制，注册制是指证券管理机构不仅要对发行人提交的材料依法进行实质性审查，还要对上市公司的管理经营情况和盈利状况进行全面的分析来帮助投资者甄别投资的价值。而美国股票发行注册制的特点却是监管机构（美国证监会）不对发行人的盈利能力做出判断，也不保证信息披露的完整性和准确性。信息披露是否真实准确的责任由公司和相关中介机构承担，拟发行证券的价值主要由投资者判断。因此，在 NAS-DAQ 上市企业只要在将注册书送达 SEC 之前在中介机构的帮助下按照完成自身条件审核，在送交 SEC 审核通过之后就可以完成上市前期准备，获得上市资格。大大减少等待时间，降低上市成本，对于中小企业来讲是极为有利的。

欧洲创业板市场最为突出的就是英国 AIM。AIM 对上市企业采用终身保荐人制度，不需要像国内创业板市场进行审核或者是 NASDAQ 那样的注册管理，而且对于拟上市公司选取什么样的中介机构充当保荐人不进行干预，只需任命保荐人根据公司财务、运营等方面情况判断该公司是否适合上市，并且递交的申请书满足 AIM 市场规则，情况属实就可以被允许上市。

（二）发行条件与程序

在美国 NASDAQ 上市，除了先要满足其上市标准，在完成上市前的准备工作后才能开始进入正式上市流程。（准备工作）→①提出上市申请→②注册审批→③促销路演→④定价→⑤挂牌上市。

在英国 AIM 上市，主要有 5 个步骤：（上市前准备工作）→①任命保荐人→②上市路演→③筹集资金→④批准上市→⑤挂牌上市。在筹集资金阶段，主要包括定价及股权配置的安排；在得到批准之后，完成后续收尾工作如缴纳手续费，就可以正式挂牌了。

鉴于美国 NASDAQ 市场与英国 AIM 在全球创业板市场影响力较大，其他海外国家创业板市场都会在相应程序上借鉴二者（韩国 KOSDAQ、新加坡凯利板），所以，在此仅列举美国、英国的创业板上市流程。

从发行流程来看，美国和英国在正式挂牌上市前都是一边审批一边筹备，由于各国定价机制不同，流程有明显区别。美国是注册制因此需要先行注册审批，英国是保荐人制度，所以先确立保荐人之后上市前确定定价。

（三）信息披露机制

初次披露和持续披露是纳斯达克创业板市场信息披露机制的两个方面，初次披露通过注册登记说明书来实现，持续披露需要公司提供经营情况、财务状况、股权信息、高管变动等一系列会对企业未来经营造成重大影响的信息。为了给投资者提供更为便捷的信息渠道，美国 SEC 还开发了 EDGAR 系统，用来搜索上市公司的相关信息。针对不同规模的企业，美国证监会有不同的信息披露规定，美国 NASDAQ 有三个层次的交易市场，针对小型企业自 2008 年 2 月 4 日起，美国证监会开始使用"较小报告公司"的概念，允许较小报告公司逐项选择使用 S-K 规则中的"定制型披露"，该规定简化了小型企业报告披露的水平，给小型企业更多的便利。

以政府监管为主体，充分辅以市场监管，是纳斯达克市场监管体系的基本结构。政府监管的主体为 SEC，它具有规则制定权、调查执行权和裁定权等监管权限，纳斯达克市场在这样的体系之下，信息披露的监管效率极大提高。此外，纳斯达克的法律法规也相对完善，它与政府监管体系相互配合，共同规范了创业板市场，非常有效地保障了投资者的权益。

英国 AIM 市场上市要求规定，公司必须出具包括详细的业务信息、营业记录、公司董事的声明、财务信息、流动资金来源和去向、切实可行的商业计划、管理层品质及连贯性、法律构架和公司治理、明显标识注明风险因素、保荐人声明等内容的上市文件。除了公司信息内容的充分性外，AIM 还要求申请人的证券获准上市之前，将此文件免费公开至少一个月。

AIM 的信息披露制度要求上市公司必须优先向交易所的监管信息服务系统公布信息，必须严格保证其披露的信息没有误导、虚假和欺骗性，同时所有通报给 RNS 的信息必须严格依据 AIM 规则和其他法律要求披露，除非另有说明。AIM 规定上市公司必须在一个财年结束后的 6 个月内公布年度报告，并要求必须根据英国或美国的公认会计惯例或国际财务报告准确编制并公布年度审计报表。同时任何超过公司总资产 0.25% 的交易，都要对具体交易内容进行信息披露。中期报告要包括资产负债表、现金流量表、同期财务比较表以及损益表，并且要求在半个财年结束后的 3 个月内公布，其格式与年度报告相同。临时报告是在发生商业表现、财务状况、经营范围变化、重大交易、关联交易、业务重大改变、反向收购、重要股东改变等"价格敏感性"事项时的对外通告。

保荐人要为上市公司在遵守信息披露规则方面提供监督和咨询意见。当企业出现非正常情况时，保荐人必须要向 AIM 的管理团队解释和澄清相关问题。如果上市公司没有遵守信息披露的相关要求，而保荐人也没有及时地提出意见或采取切实的行动，则保荐人将会被问责，并与上市公司一起承担相应的法律责任。如果保荐人辞职或被解雇，被保荐的企业股票就必须立刻停止，直到上市公司有新的保荐人弥补空位。若 1 个月以内无法聘请到新的任命保荐人，则企业将被迫退市。

（四）退市机制

纳斯达克的退市机制相当严格，创业板市场退市标准与上市标准相统一，创业板市场持续上市标准与主板市场相类似，强化信息披露和公司治理的监管理念相一致。退市标准包括数量标准和公司治理、信息披露等非数量标准。纳斯达克证券交易的退市的程序采用聆讯制，上市公司在接到退市的通知后 45 天内如有异议，有权逐级提出上诉。先是纳斯达克交易所上市资格审查部门，接着是交易所的聆讯小组，然后是纳斯达克上市与听证审查委员会，继而是纳斯达克董事会，最后是美国证监会将进行最终裁决。这种退市机制使得投资者投资时更加理性，对 IPO 的合理定价起到重要作用。

AIM 的退市标准与其上市的标准统一，没有具体的量化要求，具体规定分为停牌准则及退市标准，其退市制度十分严格，有效保证了 AIM 企业的质量，使抗风险能力大大提升。其退市标准不包括财务方面的指标，而内容主要是两点：一是公司被停牌超过 6 个月以上；二是公司没有指定保荐人，且未于一个月内改善。"终身保荐人"制度可以说是 AIM 运作机制最显著的特点。

3.2.7 境外创业板 IPO 发行定价方式

在企业 IPO 估值完成以后，承销商选择分配方式和定价方法主要依据股票的内在价值并结合具体的情况来进行，以更好地反映市场供求关系，也期望最终的发行价格是最为合适的价格，最能够体现股票的真实价值。在国际上，各个国家综合考虑新股在定价前是否获取并充分利用投资者对新股的需求信息、超额认购权是否为承销商所拥有等标准对股票发行定价方法进行分类。固定价格允许配售（Fixed price）、竞价发行（Auctions）、累计投标方式（Booking-building）和固定价格公开认购（Offer for sale）。

（一）固定价格方式

固定价格允许配售和固定价格公开认购都属于固定价格方式，区别在于前者赋予承销商有配发股份的灵活性。这种方式定价方法简单，承销成本低，比较适用于发行规模不大的招股活动，特别是以散户投资为主的新兴市场的发展初期大都采用这一方式，如马来西亚、泰国等。

（二）累计投标方式

美国新股发行定价模式以累计投标方式为主。证券市场上重要的机构投资者有养老基金、人寿保险基金、财产保险基金、共同基金、信托基金、对冲基金、商业银行信托部、投资银行、大学基金会、慈善基金会，一些大公司也设有专门负责证券投资的部门。这些机构投资者大都是以证券市场作为主要业务活动领域，运作相对规范，对证券市场熟悉。这些机构投资者经常参与新股发行，对不同发行公司的投资价值判断比较准确。由于机构投资者素质比较高，以这些机构投资者的报价作为定价的主要依据相对可靠。当然美国市场在新股发行定价中券商针对采用代销方式承销的小盘股也采用了固定价格发行方式，但从美国证券市场的实际情况看这不是新股发行定价方式的主流。

（三）定价方式转变趋势

在实际的操作中，每个国家的证券监管机构都会结合本国具体国情，对于创业板 IPO 定价，通常可以采用某一种定价方式，也可能采用几种方式或者使用相互混合的方式进行定价。我们可以发现，境外创业板市场正在更多地采取累计投标询价法，并逐步发展成为目前各国创业板市场上主要的定价方法，如果仅仅关注经济发达的欧美国家，这一点就更为明显。反而观之，固定定价法曾在新兴市场较为流行，但现正逐步开始变得不那么流行，截至目前，虽然还有个别国家采用此定价方法，但已经越来越少。对于所说的拍卖定价法，虽然也是一种市场化的定价方法，但是使用的范围相对而言很少。

（四）境外市场定价机制比较

表 3-6　各国（地区）IPO 定价机制情况

国家或地区	累计投标询价法			固定价格公开配售法		拍卖法
	至少有时用过	主要方法或者日益受到欢迎	使用累计投标询价与公开发售混合机制	过去用过	现在用否（不包括混合机制）	现在用否
法国	是	是	是	是		偶尔
德国	是	是	是	是		
英国	是	是	是	是	是	
瑞士	是	是	是	是		
加拿大	是	是	是			
美国	是	是	是			偶尔
中国香港	是	是	是	是	是	
日本	是	是	是	是		
韩国	是	是	是	是		
马来西亚				是	是	
新加坡	是		是	是	是	
中国台湾				是	是	是

资料来源：Shermen. Ann. 2002. Global trends in IPO methods：Bookbuilding vs auctions. working paper. University of Notre Dame.

3.3　本章小结

从前文叙述可知，境内外创业板市场的发展存在一定的差异性。例如发行制度、定价方式等。

发行制度包含众多方面，如市场准入机制、保荐人制度以及退市制度等，因此发行制度对 IPO 的发行机制也存在影响。IPO 发行机制，主要是指 IPO 的定价、分配和出售给投资者的整个机制过程。新股在进入市场之前需要进行定价，即 IPO 定价，是对股票价值的事前判断，IPO 定价要想精确地定价新股是非常困难的，因为 IPO 定价行为是不完全信息博弈。但无论如何，处于 IPO 发行机制形成的前端环节的 IPO 发行价格的确定，此环节是新股发行最原则最基本的内容，新股发行的成功与否很大程度上由股票发行价格的高低决定，它同时也是各参与主体根本利益所在，影响着上市之后公司的表现。

如在 IPO 发行的信息披露中"保荐人制度"。在我国目前的保荐制度下，易促使拟上市公司与保荐机构"强强联合"，不少保荐机构和保荐代表人在接受上市公司申请人委托之后往往与上市公司申请人恶意串通、共同欺诈投资者。不少保荐代表人只签字，只领钱，不尽职。这导致保荐制度形同虚设，致使我国创业板新股发行出现"三高"或者挂牌当日出现股价下跌的"破发"现象，严重时其甚至使市场价格处于长期弱势。

另外，在定价方式上，美国、英国新股发行定价以市场化的累计投标方式为主，我国证券市场上目前股票定价主要以在向市场化转移过程中的累计投标询价法。由于定价方式的不同，对各国创业板的新股发行价的影响也各有千秋。

我国的新股发行制度经过多次变更，自 2005 年开始全面采用累计投标询价法，不过该制度实行以来新股发行首日平均抑价仍旧在 120% 以上，询价发行的市场化改革并未从根本上消除 IPO 高抑价现象。美国或英国新股发行制度虽然以累计投标询价法为主，美国 NASDAQ 由于市场发展较成熟，完全市场化的定价，使得在 NASDAQ 发行新股的价格偏离其本身价值较小，无法完全依靠市场化的定价机制降低 IPO 定价偏离程度，截至 2016 年 12 月，美国市场抑价率还在 16.9%；英国 AIM 市场抑价率也在 16%。并且，大量学者对 IPO 抑价率的研究是为了进一步分析定价效率，我国也把 IPO 抑价率用作衡量定价效率的指标。IPO 抑价率可以解释 IPO 定价短期影响，而长期影响方面，我国 IPO 定价出现长期势弱的现象，但对此现象国内研究还较少。

为此，进一步分析 IPO 价格现象对健全 IPO 发行机制有十分重大的理论与实践意义，在接下来的章节中，我们会具体分析 IPO 发行价格的长期与短期现象，为健全 IPO 发行机制提出合适的建议。

4 创业板 IPO 短期价格行为：
基于 SFA 方法的抑价测度

有效市场理论指出，如果一个资本市场能够充分运用所获得的信息来确定资产价格，我们就认定它是有效率的。资本市场的效率大致可以分为两部分：运行效率和定价效率。有效的资本市场中，证券价格能够快速反映市场的变化情况，并利用价格以及竞争方式转移金融资源。只有提高运行效率，才能实现定价效率。

IPO 定价效率，如何提高新股发行定价过程中的资源配置效率是其本质，即在完善有效的资本市场中，实现投资效益与市场收益的均衡，如何判断最需要的生产性投资并匹配适当的金融资源，从而推动证券价格对市场信息作出及时的反应。

4.1 IPO 上市首日的抑价衡量指标

根据指标经济含义本身的不同，现有的 IPO 定价效率指标可以分为绝对指标和相对指标两大类。

4.1.1 绝对指标

当前市场上，公司内在价值、发行价格和股票二级市场价格等 IPO 定价效率的绝对指标得到了普遍使用。但是，根据前人关于 IPO 定义的研究，较少涉及公司内在价值，原因在于，只有在二级市场有效的前提下，才能利用二级市场价格对内在价值进行无偏估计。大多学者在研究 IPO 定价效率问题时，将首日收盘价作为二级市场价格，本章在研究中也将借鉴这种通行方法来判断 IPO 定价效率，即将发行价相较于首日收盘价的价差作为指标。

4.1.2　相对指标

由于各个上市公司本身的差异，诸如发行价格、二级市场交易价和内在价值等绝对值指标的可比性并不高，而相对指标则避免了这一缺点。常用的相对指标包括抑价率（Underpricing）、市场指数修正的抑价率和反映输入—输出函数关系的效率指标。

抑价率，指的是上市首日收盘价与发行价之间的差异的大小，即定义为

$$UP = (p_{1st} - p_{issue})/p_{issue} \tag{4.1}$$

基于对全部 A 股抑价率的分析，得到抑价率走势图如图 4-1 所示。

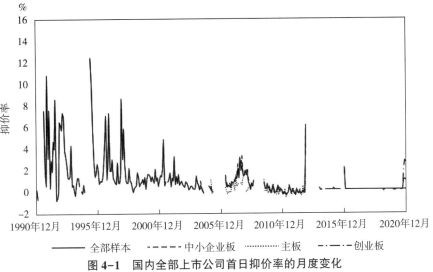

图 4-1　国内全部上市公司首日抑价率的月度变化

从图 4-1 中我们发现在我国证券市场的早期，抑价率非常高，在进入 21 世纪后，抑价率相应地有所降低，但仍然处在剧烈波动之中。从 2005 年到 2020 年的数据来看，抑价率的变动如图 4-2 所示。总体而言，采用抑价率作为指标时，大多数时候，中小板和创业板的抑价率都比主板要高，但是由于受到共同的市场环境和基本相同的监管制度，从抑价率指标来看，创业板和主板、中小板并没有显著的差别。

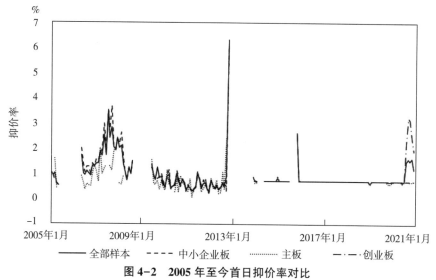

图 4-2　2005 年至今首日抑价率对比

二级市场交易价格受到市场总体行情的影响，在市场高涨的时候，IPO 后的二级市场价格也会相应快速上升，而市场低迷下跌的时候则相反。为了剔除市场行情对抑价率的影响，可以考虑采用市场指数修正的抑价率：

$$UPM = (p_{1st} - p_{issue})/p_{issue} - (I_{1st} - I_{issue})/I_{issue} \qquad (4.2)$$

其中，I_{1st}，I_{issue} 分别为该公司上市首日和发行日的市场指数，考虑到我们研究的 IPO 期间从 20 世纪 90 年代中期起，选择具有一定代表意义的上证综合指数作为分析的基准，而不选择后来编制的市场指数。

合理的 IPO 发行价应该充分反映公司内在价值与公司相关信息。国内外学者认为，新股的发行定价取决于以下几个主要因素，如企业偿债能力、盈利能力、营运能力、行业状况和宏观经济状况等。稍加分析，我们可以将这几个因素简单概括为内部因素和外部因素。合理的 IPO 定价通常表现为既考虑到了内部因素，同时又能够体现外部因素。用函数表示，IPO 定价的相关信息与新股发行价 P 之间的关系为：$P = f(x) = f(A, B)$。其中，x 表示影响新股价格的因素，它由内部因素 A 和外部因素 B 两方面组成。这里采取的是一种相对效率的指标来衡量 IPO 定价效率的标准，它主要分析新股价格和各个因素之间的相关程度。在实证研究中，已有的映射关系 f 的形式包括数据随机边界分析（SFA）、包络分析（DEA）等。

在对 IPO 发行过程的定价效率的分析中，覃家琦等（2012）从随机边界分析的技术效率指标出发，以实际发行价为因变量进行了分析。而王春峰和姚锦（2004）从发行成本最优的角度，把初始收益率作为发行成本，通过建立随机前沿成本函数，来对 IPO 以及增发进行合理定价。其中，随机边界分析的变量包括发行前一年的总资产、发行前一年主营业务收入、净募集资金、发行费用比例、行业虚拟变量、是否存在机构投资者参与。

4.2 创业板 IPO 抑价程度测度 I：基于与境内主板、中小板 IPO 市场间的对比测度

4.2.1 境内市场测度的界定

主板市场是指传统意义上的证券市场，是一个国家或者地区证券发行、上市及交易的主要场所。主板是以传统产业为主的交易市场，中国的主板市场包括深交所和上交所；股票代码，深圳主板是以"00"开头的，上海主板是以"60"开头的。

我国证券市场中同时有主板与中小板，二者之间是相对而言的，主板市场对于企业的要求相对较高，所以一些无法达到主板要求的企业只能在中小板市场上市，中小板同时也是创业板的一种过渡。中小板市场代码是以"002"开头的。

我国创业板市场在资本市场中占据着重要的位置。在我国把创业板又称为"二板市场"，即第二股票交易市场的一种简称，该市场的设立是在主板之后，专为解决暂时无法上市的中小企业和新兴公司的证券交易市场，给这些企业提供融资途径和成长空间，是对我国主板市场的有效补充。创业板市场上的企业与主板市场上的企业大不相同，这些公司大多从事高科技业务，具有较高的成长性，往往成立时间较短、规模较小，业绩也不突出，但是它们具有很大的成长空间。中国创业板市场代码以"300"开头。

三板市场上市条件的主要区别如表 4-1 所示。

表 4-1　主板、中小板、创业板上市条件主要区别

市场	创业板	主板、中小板
经营时间	持续经营 3 年以上	持续经营 3 年以上
财务要求	最近两年连续盈利，最近两年净利润累计超过 1000 万元，且持续增长	最近 3 个会计年度净利润均为正数且累计超过 3000 万元
财务要求	或者最近一年盈利，且净利润不少于 500 万元，最近一年营业收入不少于 5000 万元，最近两年营业收入增长率均不低于 30%	最近 3 个会计年度经营活动产生的现金流量净额累计超过 5000 万元，或者最近 3 个会计年度营业收入累计超过 3 亿元
财务要求	最近一期末不存在未弥补亏损	最近一期末不存在未弥补亏损
财务要求	最近一期末净资产不少于 2000 万元	最近一期末无形资产占净资产的比例不高于 20%
股本要求	发行后股本总额不少于 3000 万元	发行前股本总额不少于 3000 万元
股本要求	发行后股本总额不少于 3000 万元	发行后股本总额不少于 5000 万元
业务经营	应当主要经营一种业务	完整的业务体系，直接面向市场独立经营的能力
公司管理	最近两年主营业务、董事和高级管理人员没有重大变动，实际控制人没有变更	最近 3 年主营业务、董事和高级管理人员没有重大变动，实际控制人没有变更
公司管理	具有完善的公司治理结构，依法建立健全股东大会、董事会、监事会以及独立董事、董事会秘书、审计委员会制度，相关机构和人员能够依法履行职责	董事会下设战略、审计、薪酬委员会，各委员会至少指定一名独立董事会成员担任委员
公司管理		至少三分之一的董事会成员为独立董事

4.2.2　基于 SFA 的境内市场抑价程度测量

随机前沿分析方法（SFA）是从生产函数的估计技术中发展起来的，用于描述生产过程中要素投入与产出之间的关系，即在投入一定的情况下如何获得更高的产出。类比于生产函数的成本最优概念，随机成本函数即考虑在产出既定的情况下最小的成本耗费边界。

在不考虑不确定性的情形下，假设生产函数形如：$Y = f(X)$，其中，X 为投入要素向量，Y 为最优产出，$f(\cdot)$ 代表投入要素组合的生产技术条件。企业由于生产技术调整、要素投入组合变化等低效率行为使得生产并不能达到最优状态，如果企业实际的产出为 Y'，那么实际产出与最优产出

的比值 Y'/Y 就代表了实际生产技术与最优值之间的差距，Farrell（1957）把这一比值定义为技术效率 $\xi=Y'/Y$，其中，$0\leqslant\xi\leqslant1$。ξ 越大表示实际生产越接近最优生产产出，从而实际的生产函数可以简单地表示为 $Y=\xi f（X）$。

当引入不确定性时，从确定性生产边界到随机边界。随机边界模型（SFA）把效率项 u 及其误差项 v 都纳入模型中，即 SFA 包括两项随机误差项，其中一项可以认为是效率程度的代表。因此，对数变换后的模型形式为

$$y^k = \ln[f(x^k；\beta)] + v^k - u^k \tag{4.3}$$

其中，$v^k \sim N(0，\sigma_v^2)$，$u^k \sim N(0，\sigma_u^2)$，$k=1，\cdots，K$，v 代表生产过程的随机特性以及投入和产出中的测量误差，u 代表企业的效率水平。在这里我们假设 v 和 u 之间是独立的。如果 $u=0$，企业的效率水平为 100% 有效，而 $u>0$ 则表明存在某种程度的无效率状态。

对于随机边界模型与最小二乘法的简单比较可以参考图 4-3，假设模型的函数形式为柯布—道格拉斯函数形式，y 为产出的对数，x 为投入向量，其中包含数值全为 1 的一列，用以拟合截距项系数。估计 SFA 模型，即确定未知参数 β、σ_u^2 和 σ_v^2 的值，这一问题比较适合的估计方法为最大似然估计（MLE），即使参数取值尽可能地相似于观测值。MLE 估计必须首先确定组合误差项 $\varepsilon=v-u$ 的概率密度函数，它的分布为一复合分布，是正态分布 v 和截断正态分布 u 的函数。

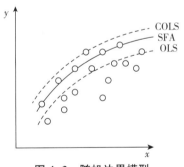

图 4-3 随机边界模型

一些已有的分析表明，目前采用 SFA 度量 IPO 抑价的不满足上述线性对数化关系。为了克服这种不足，我们首先假设股票的发行价格满足如下关系：$OP=PV（E）/N$。其中，$PV（E）$ 为公司权益的现值，N 为股票发行数量。进一步地，由于权益现值等于未来自由现金流（FCF）的现值（无杠杆条件下），即 $PV（E）=FCF/r$（r 为折现率并假设恒定），而自由现金流来自公司的生产；再根据微观经济学的基本原理，生产可表达为公司资

本 K 和劳动 L 的 Cobb-Douglas 函数，因此，我们假设权益现值 PV（E）也为资本 K 和劳动 L 的 Cobb-Douglas 函数，即：PV（E）$= K^\alpha L^\beta$。在此基本关系基础上，引入系统误差项 u 和随机误差项 v，即可得到 Cobb-Douglas 函数关系形式下的股票发行价（IssuePrice）的随机前沿函数：

$$IssuePrice = (K^\alpha L^\beta / N) \exp (v-u) \tag{4.4}$$

根据 Coelli（1996）随机边界分析技术方法，两边取对数，我们可获得实际发行价的随机边界回归模型，如式（4.5）所示，据此通过对 u 的估计进而通过 u 与 EFF 的关系 EFF $=$ E $[e^{-u}]$，其中 E $[\quad]$ 为取数学期望，我们可以估计出技术效率。由于该值等于实际发行价与最优发行价的比值，因此该值可以作为 IPO 定价效率的度量。u 越高，则 EFF 越小，表明实际发行价格越偏离最优发行价格，由于实际发行价通常小于最优发行价，即公司的 IPO 抑价程度也就越高，从而我们可以采用 u 作为抑价程度的代表。

$$\ln(IssuePrice) = \beta_0 + \sum_i \beta_i \ln(X_i) + v - u \tag{4.5}$$

其中，β_0 表示截距项，β_i 表示第 i 个影响发行价格的因子 X_i 的估计系数，系数的符号反映了该因子对发行价格的作用方向，而其大小反映了对因子 X_i 的影响程度的大小。

上式中 u 比技术效率 EFF 值作为 IPO 抑价程度的代表更为直观合理。前文已述及的文献均以技术效率作为 IPO 定价效率的代表，效率值 EFF 的高低代表了实际发行价与最优发行价之间的差异的大小，效率值 EFF 越高，也就意味着实际发行价与最优发行价之间的差异越小。那么，为什么不直接使用实际发行价与最优发行价之间的差异值来进行分析呢？基于此，提出 IPO 发行抑价程度的度量指标：

$$u = \beta_0 + \sum_i \beta_i \ln(X_i) - \ln(IssuePrice) + v \tag{4.6}$$

考虑到不同上市公司发行价绝对值的差异，我们以差异程度的相对值作为抑价程度的测量：

$$\frac{u}{\ln(IssuePrice)} = \frac{\beta_0 + \sum_i \beta_i \ln(X_i) - \ln(IssuePrice)}{\ln(IssuePrice)} \tag{4.7}$$

其中，等式右边第一项的分子为估计的最优发行价与实际发行价的差异。式中各符号与前文 SFA 估计方程相同。

4.2.3 样本数据与变量设计

本章所用的数据来源于国泰安 CSMAR 数据库，包括创业板在内的国内 A 股市场截至 2020 年底的全部 IPO 样本，其中部分样本由于数据缺失而剔除，最终得到 3469 个 IPO 样本。

根据童艳等（2010）的研究，考虑到数据可得性，我们的研究目的选择如表 4-2 所示的变量作为本章分析的变量，从 CSMAR 中提取所有可能的变量。

表 4-2 变量解释表

类别	变量名称	变量符号	变量定义
被解释变量	发行价格	IssuePrice	IPO 实际发行价的自然对数
解释变量	发行规模	IsuShr	发行数量的自然对数
	每股收益	EPS	上市公告前的每股盈利
	每股净资产	NAV	发行前每股净资产
	首日换手率	ER	上市首日的成交量与流通股股数的比值
	中签率	BR	实际公开发行股数与总有效申购股数的比值

本章借鉴 Coelli（1996）以及 Battese 和 Coelli（1995）等的观点，应用随机前沿模型（SFA）来确定新股发行价的模型：

$$IssuePrice = \beta_0 + \beta_1 IsuShr + \beta_2 EPS + \beta_3 NAV + \beta_4 ER + \beta_5 BR + v - u$$

$$(4.8)$$

在对全部可得样本数据进行整理后，在 R-Project 中采用 Coelli（1996）算法进行最大似然估计。

把上述的变量样本整理得到如表 4-3 所示的描述性统计结果。

表 4-3 描述性统计结果

变量	样本数	均值	标准差	最小值	中位数	最大值
IssuePrice	3459	2.520	0.713	0.231	2.496	4.997
IsuShr	3459	17.483	0.907	15.975	17.324	23.965
EPS	3459	3.592	2.168	0.000	3.040	19.220
ROE	3459	0.393	0.349	0.000	0.490	0.960
ER	3459	0.009	0.031	0.000	0.003	0.954
BR	3459	2.520	0.713	0.231	2.496	4.997

4.2.4 实证分析结果

针对上文所述的随机边界分析模型，在 R-Project 中采用最大似然法（MLE）估计式（4.8）得到如下结果：

表 4-4　IPO 定价效率的 MLE 估计

变量	估计值	标准差	z-value	Pr（>∣z∣）
（Intercept）	4.887	0.171	28.660	0.000
IsuShr	−0.174	0.009	−18.620	0.000
EPS	0.792	0.025	32.080	0.000
NAV	0.041	0.006	6.640	0.000
ER	0.440	0.028	15.470	0.000
BR	0.389	0.269	1.450	0.148
log likelihood = −2305.7326				
Wald chi2 = 3937.41				

从表 4-4 可以看出，只有中签率（BR）表现为对发行价格不显著，其余的指标表现得并不同，并且都在 1% 水平以下显著。发行规模（IsuShr）对发行价格为负相关，其原因可能是发行规模与每股价值之间的反向关系，在国内发行市场，基本上只存在一元面值股票的背景下，每股所代表的净资产随着发行规模的增加而降低，因此，作为每股净资产的直接反映的发行价格也就相应地降低。另一个可能不同在于发行规模越大，认购所需的资金总额也就越大，但在市场资金一定的情况下，就使得每股价格降低了。

股票价格反映的是公司的每一股份的价值，我们据此可以判断，发行价格与代表每股价值的 EPS 之间表现为正相关。换手率（ER）反映了股票转手买卖的频率，换手率越高说明股票流通性越强，人们购买该只股票的意愿越高，其发行价格也就越高。

4.2.5 创业板与主板、中小板市场抑价程度测量结果对比

创业板作为我国主板市场、中小板市场之后诞生的交易所板块市场，其诞生的目的就是弥补主板和中小板在促进创新、创业方面的一些不足，因此在分析创业板市场的发行制度和 IPO 抑价程度这类问题上，这三者的对比使我们能更清楚地看到创业板的现状。

首先，我们从 IPO 抑价程度的均值和分布的离散程度来看，创业板的抑价程度的均值最高，平均来说创业板的抑价程度比主板高 0.037，比中小板高 0.005。创业板和中小板的 IPO 抑价程度相对集中，其标准差均比主板小，主板的 IPO 抑价程度的标准差偏大，很大程度上是因为主板 IPO 经历的时间最长，其中多次大幅度地调整 IPO 相关制度，使得从全部样本来看，跨越不同的发行制度，其前后的发行抑价程度相差自然也就偏大（详细数据见附录 4-1）。

表 4-5 主板、中小板、创业板抑价程度的描述性统计

市场	IPO 抑价程度均值	IPO 抑价程度标准差
全部 A 股	0.800	0.051
创业板	0.819	0.046
中小板	0.814	0.045
主板	0.782	0.050

为了更清楚地识别 IPO 抑价程度随着发行时点和相应的发行制度的变化而变化的情况，对所有的 IPO 样本的发行抑价程度做出其时间序列图见图 4-4。

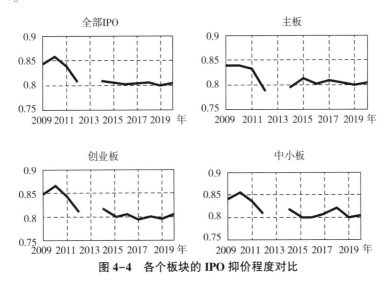

图 4-4 各个板块的 IPO 抑价程度对比

我们从图 4-4 中可以看出，总体而言，经历过多次改革后，国内的 IPO 抑价程度在 2009 年后总体呈现下降趋势，其中同期相比，创业板的抑价程度高于中小板和主板市场。我国的证券市场中主板与中小板、主板与创业

板的 IPO 抑价程度之间，在 2009—2012 年新规出台前，中小板和创业板的抑价程度明显高于主板；但是，在 2012 年国家出台新的规定以及 2013 年暂停 IPO 之后，IPO 抑价程度在三个市场之间表现开始趋于一致，并且趋于稳定。

本章在接下来的两小节将更为详细地对比创业板市场与主板市场、中小板市场在 IPO 抑价程度上的差异，并对产生 IPO 抑价程度的差异分析原因。

（一）创业板市场与主板市场 IPO 抑价程度对比分析

主板是国内交易所股票市场发展历程最长的市场，上市公司数量和市值规模都占据国内股票市场第一的位置。创业板诞生于 2009 年，在此之前主板市场的 IPO 抑价程度经历了从 1995 年到 2009 年剧烈波动的过程，其波动的原因可能是中国资本市场在初创时期发展较快，市场规定和政策不断调整变化。

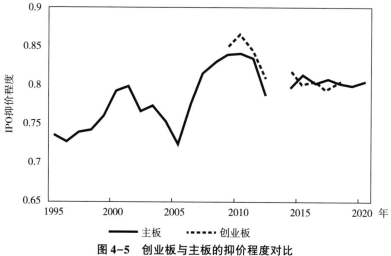

图 4-5　创业板与主板的抑价程度对比

从图 4-5 中可以看出，创业板的 IPO 抑价程度呈现与主板分离增加后又逐渐呈现趋近一致的趋势。在创业板出现的 2009 年，大量资本涌入创业板，供需不均，致使其抑价程度逐渐提高。但是，随着我国证券市场 IPO 规模的快速发展，在 2010 年之后，不论是创业板还是主板市场的 IPO 都呈现了抑价程度逐步向下发展的趋势。经历了 2013 年暂停 IPO 之后，主板市场和创业板市场的 IPO 抑价逐渐趋于平稳。

（二）创业板市场与中小板市场IPO抑价程度对比及可能解释

相对于主板上市公司，中小板和创业板的上市公司之间具有更多相似性，这主要源于中小板和创业板的设立目的、上市标准等相关制度具有相似性，从而，经过类似的筛选标准后，发现创业板与中小板公司在上市发行过程中具有相似的抑价程度，而且两者的变化趋势也基本呈现相同的发展趋势。

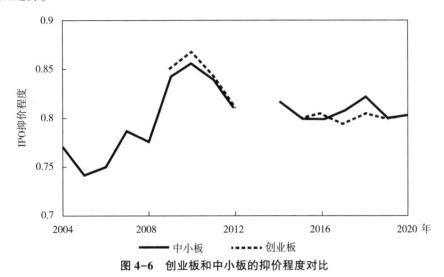

图4-6 创业板和中小板的抑价程度对比

我们从图4-6中可以看出，2010年后，创业板和中小企业板市场的抑价程度都出现了下降的趋势。其原因主要在2009年到2012年这三年时间内，IPO制度处在不断变革中，在2009年年中公布的证监会第13号公告中，明确了IPO新股发行主要采用网下机构询价定价制度。上海市场与深圳市场采取不同的定价办法，深圳市场网下询价直接定价；上海市场采取网下初步询价，首先确定价格区间，之后再进行累计投标询价，确定最终的价格。最终配售均按照中签率和申购数量进行同比例配售，要求网下配售对象的获配股票自网上发行的股票在交易所上市之日起锁定三个月。在2009年6月至2010年10月期间，两市共发行403只新股，上市首日破发数量为20只，破发比例高达4.96%，平均涨跌幅为44.96%，首日涨跌幅在-10%~296%，三个月锁定期满的破发数量为62只，破发比例为15.38%。虽然可能有二级市场剧烈波动的因素，但该指标显示破发比率如此之高，而且随着新股上市时间的推移，破发指标显著上升，这说明这一阶段的IPO发行抑价较高，市场的定价效率较低。

4.3 创业板 IPO 抑价程度测度 II：基于与境外市场间的对比测度

4.3.1 境外市场测度的界定

在境外创业板市场中，美国 NASDAQ 最具有典型性，它的发展历程也是一个逐步积累的过程，其经历了从柜台市场发展成为最具活力的创业板市场的过程。然而，我国创业板发展历程短暂，且其过程充满了曲折，经过几届政府及领导人的支持，才终于走上了历史的舞台。

我国创业板市场与主板市场并不相同，上市标准相对较低，结合创业板市场上市企业的特殊性，专门设立了独有的交易体系及监督系统。自 2009 年 10 月 23 日开板，首日共有 28 家企业共同上市，发展至 2020 年 5 月 28 日，共有 813 家公司在创业板首次公开发行并上市，总市值达到 7 万亿元，现已经成为全球第二大创业板市场。

我国创业板市场的创设是在借鉴境外创业板和国内中小板发展经验的基础之上进行的，其制度建设遵循了"充分结合国情并坚持市场化改革的"原则，目标是打造一个规范高效、特色鲜明、风险可控、有竞争力的证券市场。我国创业板市场为适应创业企业的特点和需求，在注重风险控制的前提下，在企业准入、发行审核、交易运行、市场监管和投资者准入等方面进行了制度创新。这些制度创新一方面吸收了国外同类市场的经验，另一方面又充分考虑到国内资本市场的特点。总之，我国创业板和境外创业板对比来看，特点如下：上市条件更加严格、信息披露制度更加严格、公司治理方面的制度规定相对宽泛、保荐人制度在创业板市场得到强化。此外，我国创业板相对境外创业板来说实行了比较严格的直接退市制度。

4.3.2 基于 SFA 的境内外市场抑价程度测量方法

类似于前一节的分析，这里抑价程度的分析同样采用 SFA 模型的最大似然估计，考虑到样本数和可供选择变量二者之间的平衡，这里仅仅选择了发行费用（FI）、发行收入（PRO）和公司成立年限（AGE）作为解释变量。构建如下回归模型：

$$IssuePrice = \beta_0 + \beta_1 FI + \beta_2 PRO + \beta_3 AGEs + v - u \qquad (4.9)$$

同样地，与前文一样，我们仍然采用标准化的 u 来测量抑价程度。

4.3.3 样本选择与变量设计

对境外市场而言，由于数据获得并不如国内 IPO 市场的数据记录完整、变量丰富，考虑到可变性，在本节采用的变量将不得不比前一章的分析变量更少，但是分析方法是完全一致的，在这里对随机边界这一方法不再重复叙述。

由于境内外不同市场的 IPO 样本的统计整理在不同的数据平台上，要获得较为全面的全球 IPO 样本较为困难。Wind 金融信息平台在近年来收集了部分美国纽约证券交易所、NASDAQ 和香港联交所等 IPO 样本，本节将主要依靠这些样本进行分析。需要说明的是，由于数据的不完整性，因此样本选择偏误将会是结果解释过程中需要特别注意的一个问题。

受限于研究样本的可获得性，参考相关学者的研究，选择发行费用（FI）、发行收入（PRO）和公司成立年限（AGE）作为新股发行价的影响因子。从 Wind 中提取所有可能需要的变量，并整理在表 4-6 中。

表 4-6 变量解释表

类别	变量名称	变量符号	变量定义
被解释变量	发行价格	IssuePrice	IPO 实际发行价的自然对数
解释变量	发行费用	FI	首发发行费用/首发数量
	发行收入	PRO	首发募集资金净额的自然对数
	公司成立年限	AGE	截至 IPO 当年公司成立年数加一取对数

在筛选掉缺失表 4-6 中的变量的样本后，一共得到了 6088 个样本，其中在国内的深圳和上海两个证券交易所上市的公司有 3515 家，在香港联交所上市的公司样本 1458 个，在纽约证券交易所和 NASDAQ 上市的样本分别为 319 个和 796 个。这 6088 个样本的描述统计如表 4-7 所示。

表 4-7 变量描述统计表

变量	样本数	均值	标准差	最小值	中位数	最大值
IssuePrice	6088	2.261	0.932	0.122	2.398	7.083
FI	6088	1.138	3.209	0.000	0.887	233.273

续表

变量	样本数	均值	标准差	最小值	中位数	最大值
AGE	6088	1.835	0.986	0.000	2.079	5.118
FI	6088	2.261	0.932	0.122	2.398	7.083

4.3.4　实证分析结果

对式（4.9）的最大似然估计（MLE）结果如表4-8所示。

表4-8　境内外 IPO 抑价程度的 SFA 估计结果

变量	参数值	标准误	t 值	P 值
（Intercept）	-2.944783	0.4257273	-6.92	0.000
FI	0.0882393	0.0051462	17.15	0.000
PRO	0.23679	0.0065822	35.97	0.000
AGE	0.3315106	0.0181979	18.22	0.000
log likelihood = -5782.8759				
Wald chi2 = 6532.00				

从 MLE 估计的结果来看，发行费用（FI）、发行收入（PRO）和公司成立年限（AGE）对发行价格都有显著的正向影响。发行费用（FI）对新股发行价产生正向影响说明随着发行费用的增加，新股发行价也随之升高。发行收入（PRO）与新股发行价成正比反映了资本市场中普遍存在超募现象的现实。此外，IPO 当年公司成立年限（AGE）越大的企业，其发行价越高。

4.3.5　境内外市场 IPO 抑价程度测量结果对比

根据上一节的随机前沿分析结果，首先从各个交易所的视角进行简单的比较。在选择的6088个样本中，深圳证券交易所的发行数最多，其次是香港联交所和上海证券交易所，受到数据收集的限制，实际上市公司数量比深圳证券交易所和上海证券交易所多得多的纳斯达克和纽约证券交易所在样本中记录少，因此这里的比较只能是一个初步的非完整样本的比较分析，不可避免地受到样本选择偏差的影响。

表 4-9　各个交易所的 IPO 抑价程度分析

交易所	样本数	抑价程度均值	标准差	最小值	最大值
上交所	1315	0.564	0.150	0.089	0.876
深交所	2200	0.631	0.127	0.156	0.904
港交所	1458	0.338	0.136	0.000	0.932
纽交所	319	0.741	0.120	0.282	0.924
纳斯达克	796	0.694	0.109	0.267	0.901

为了比较在各个交易所上市的 IPO 的抑价程度均值的差异是否显著，方差分析（ANOVA）的结果如表 4-10 所示。根据表 4-10 中 F 值及其概率值，各个交易所之间的抑价程度存在显著差别。

表 4-10　各个交易所 IPO 抑价程度的方差分析

Source	SS	df	MS	F	Prob>F
Group	107.76	4	26.94	1541.54	0.000
Error	106.31	6083	0.02		
Total	214.07	6087	0.04		

对上述结论更为直观的图形显示如图 4-7 所示。

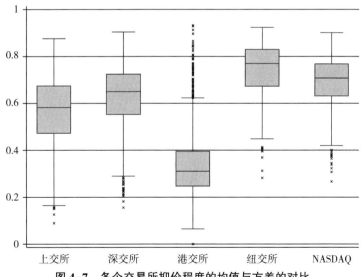

图 4-7　各个交易所抑价程度的均值与方差的对比

方差分析说明各个交易所的 IPO 抑价程度的均值存在显著差别。通过进一步比较各个交易所的 IPO 抑价程度，我们清楚地看到创业板所在的深圳证券交易所的 IPO 抑价程度与纽约证券交易所和纳斯达克不存在显著的差别，而与香港联交所和上海证券交易所在抑价程度上存在显著差别，特别是与香港联交所的 IPO 抑价程度存在的差别最大。

（一）境内外主板/创业板/中小板IPO 抑价程度的比较分析

前文对交易所间的 IPO 抑价程度进行了比较，从 IPO 样本的交易所来源上进行了区分，其目的在于为本节的以创业板为中心的分析提供一个市场概况性的分析。

接下来就以创业板为中心来对 IPO 抑价程度进行比较分析，比较包括两个层面上的，其一是横向的各个板块市场的比较，其二是从时间纵向上比较各个板块市场的 IPO 抑价程度的发展变化。

（二）各板块IPO 抑价程度的横向比较

从各个市场板块来看，IPO 抑价程度的均值在国内市场部分和前一章的分析结果一样，仍然是创业板最高，其次是中小企业板，主板的抑价程度居第三。这里的分析结果也从另一个侧面验证了前一章的分析结果的稳健性。

表4-11　各市场板块的 IPO 抑价程度

上市板块	样本数	均值	标准差	最小值	最大值
内地主板	1653	0.573	0.145	0.089	0.876
内地中小企业板	975	0.627	0.124	0.156	0.879
内地创业板	887	0.645	0.132	0.203	0.904
境外主板	1500	0.429	0.214	0.000	0.932
境外创业板	1073	0.595	0.197	0.142	0.901

同样地，这里也采用方差分析来检验各个板块市场的 IPO 抑价程度的均值是否存在显著性差异。

表4-12　各板块市场的 IPO 抑价程度方差分析

Source	SS	df	MS	F	Prob>F
Group	38.25	4	9.56	330.84	0.000
Error	175.82	6083	0.03		
Total	214.07	6087	0.04		

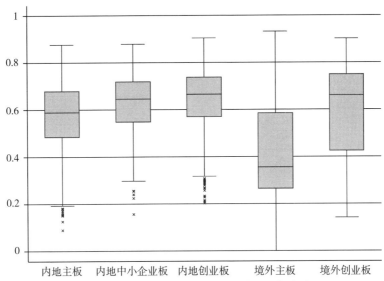

内地主板　　内地中小企业板　　内地创业板　　境外主板　　境外创业板

图 4-8　各板块市场的抑价程度的均值与方差

通过分析板块市场的 IPO 抑价程度我们可以发现，境外主板的抑价程度最低，这说明境外主板市场发展更完善，IPO 定价效率较高。同时，根据前文对样本来源的分析，由于样本选择问题，中国香港证券交易所的样本在境外主板总样本中占比较高。上一节的交易所间的 IPO 抑价程度分析的结论表明中国香港联交所的 IPO 抑价程度最低，从而导致境外主板市场的 IPO 抑价程度被拉低的直接原因。此外，内地创业板市场的 IPO 抑价程度不仅显著地高于内地主板市场和中小板市场，并且高于境外创业板市场，这一结果说明当前内地创业板市场的 IPO 抑价程度比较严重。

（三）各板块 IPO 抑价程度的纵向比较

上文的方差分析和多重比较揭示了各个板块市场之间的 IPO 定价差别，为了从历史发展动态的角度来分析各个板块市场的 IPO 抑价程度的变化趋势，这里将从 IPO 抑价程度时间序列来简单分析各个板块市场的 IPO 抑价程度。

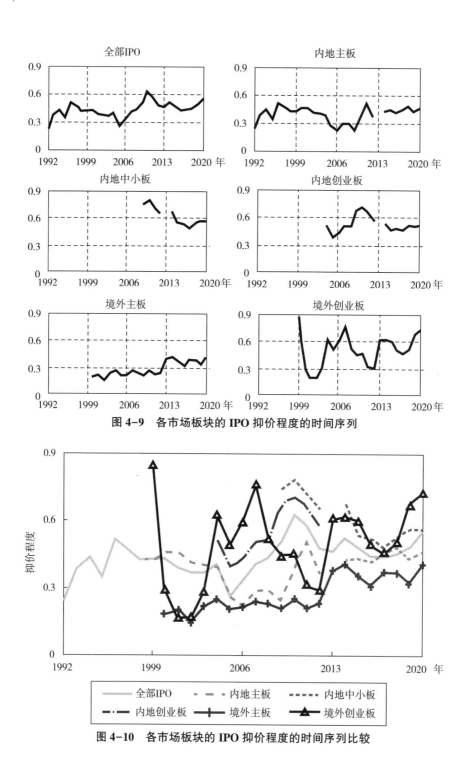

图 4-9　各市场板块的 IPO 抑价程度的时间序列

图 4-10　各市场板块的 IPO 抑价程度的时间序列比较

我们从图 4-10 中可以看到，2001 年至 2004 年，国内和国外 IPO 市场的抑价程度的变化具有明显的差异，比如，国外市场呈现上升趋势，而国内市场基本处于下降阶段，不论是主板市场还是创业板市场，其 IPO 抑价程度都呈现了下跌并且在低位长期徘徊。而在 2005 年之后，各个板块市场的 IPO 抑价程度的变化随着时间的推演变动呈现出类似性。其中，内地创业板和境外创业板的抑价程度波动较为剧烈，并且总体高于境内外主板市场。此外，内地主板市场的抑价程度也总体高于境外主板市场。

从各个板块市场来看，国内创业板的 IPO 抑价程度仍然长期处于较高的水平，其次是紧随创业板的中小企业板和境外创业板，均高于所有样本的均值。而国内主板和国外主板的 IPO 抑价程度相对较低，并且国外主板市场的 IPO 程度在长期来看低于分析样本的均值，其中的原因可能是因为在相对成熟的市场，IPO 并没有如国内一样地受到热捧，监管层对 IPO 发行制度的监管也相对严格。

4.4　本章小结

本章以 IPO 发行之后到首日上市交易这段时间内的股票价格行为作为分析对象，来分析 IPO 发行定价效率。在回顾多种 IPO 发行定价偏离—抑价现象—程度的指标基础上，基于 SFA 的估计最优发行价与实际发行价之间的偏离，提出采用偏差值 U 而不是效率值 EFF 作为抑价程度的测量，它比效率值作为发行价偏离程度的测量更为直观。

基于这一抑价程度指标，本章通过对比国内的主板和中小板、境外的主板和中小板的 IPO 抑价程度，发现创业板 IPO 存在显著的抑价现象，而这一现象在采用常用的抑价率作为分析指标时并不明显。正是由于 2009 年和 2010 年创业板 IPO 抑价程度的畸高，发行定价效率过低，才导致政策监管面不得不放缓 IPO 节奏，到 2013 年甚至近似暂停 IPO。

在与境外交易所发行市场的对比分析中，国内创业板 IPO 抑价程度也几乎一致处于最高的位置。总体而言，国内发行市场的 IPO 抑价程度较境外资本市场 IPO 抑价程度高，这是和我们国内资本市场恢复的时间还比较短，市场效率较低等因素密切相关的。同时，还发现境外创业板的 IPO 抑价程度较境外的主板市场 IPO 抑价程度更低，这说明境外的资本市场对创业板公司的发行估值普遍达到了较优的状态，这可以从我国不少新兴的公司争相到境外创业板上市获得好估值这一现象中得到一些旁证。

5 创业板 IPO 长期价格行为：
基于 CAR、BHAR 和日历时间组合的测度

关于股票首次公开发行，在国内外诸多市场上都发现了 IPO 新股短期超额报酬和长期价格行为表现弱势这一对矛盾的现象。创业板市场推出以来，不少学者对其短期超额报酬现象已经做了一定的研究，但是对于其长期价格行为的研究还相对较少，本章拟在考虑创业板促进企业成长、创新能力的因素的条件下，考察创业板 IPO 效率等因素对创业板市场长期价格行为的影响，并在与主板、中小板的比较中来考察创业板相关制度的效果。

本章基于事件研究方法来测量创业板 IPO 的长期价格行为，在长期价格行为的衡量上，虽然累计超额收益率（CAR）和持有超额收益率（BHAR）存在样本企业横截面不独立的问题，但是由于其计算简单，本章也把它们作为参考。而基于 Fama（1998）和 Lyon 等（1999）的日历时间组合的因子定价模型的 IPO 超额收益估计方法，是本章主要的超额收益估计方法。

在研究中，学者们普遍采用与市场基准相比较的超额收益来评价 IPO 的企业在二级市场的长期表现。而用于评估 IPO 上市发行后对企业发展影响的方法主要有两个，即累计超额收益率（CAR）和持有超额收益率（BHAR）。

5.1 测度 I：累计超额收益率（CAR）方法

Fama（1998）认为月度股票组合的累计超额收益率（Cumulative Abnormal Returns，CAR）是长期超额收益的有效衡量指标，持同样观点的还有 Lyon 等（1999）。他们支持使用累计超额收益率的理由包括三个方面：第一，异常收益对模型的误设并不敏感，而定价模型多种多样，在其中选择时常会遇到各种困难；第二，方便统计推断；第三，能较好地控制数据

样本的界面依赖关系。虽然实际发现累计超额收益与实际持有的投资组合收益有一定的差异，但是这一方法却是相对容易实现的方法。

根据上文，这里累计超额收益率（CAR）的计算方法如下：

$$AR_{i,t} = IR_{i,t} - IR_{m,t} \qquad (5.1)$$

$$CAR_t = \sum_{t=1}^{n} w_{i,t} \times AR_{i,t} \qquad (5.2)$$

其中，$IR_{i,t}$ 为第 i 只股票在第 t 月的收益率，$IR_{m,t}$ 为市场指数在第 t 月的收益率，$w_{i,t}$ 为第 i 只股票的权重，权重的计算方法包括等权重平均、流通市值加权平均、总市值加权平均等方法。CAR_t 为上市之后 n 个月内的累计超额收益。考虑到时间长度的因素，在这里以上证指数作为基准收益。

得到创业板的 CAR 序列为：

表 5-1　创业板的累计超额收益率（CAR）

第 n 月	等权重 CAR	总市值权重 CAR	流通市值权重 CAR
1	0.156	0.312	0.365
2	0.135	0.321	0.364
3	0.119	0.347	0.367
4	0.119	0.311	0.314
5	0.103	0.247	0.245
6	0.113	0.268	0.273
7	0.115	0.267	0.264
8	0.0913	0.246	0.247
9	0.102	0.241	0.244
10	0.105	0.232	0.236
11	0.0773	0.186	0.189
12	0.0717	0.194	0.185
13	0.0922	0.24	0.226
14	0.115	0.309	0.295
15	0.126	0.37	0.348
16	0.157	0.503	0.484
17	0.166	0.446	0.441
18	0.172	0.398	0.391
19	0.178	0.375	0.375
20	0.208	0.466	0.472

第 n 月	等权重 CAR	总市值权重 CAR	流通市值权重 CAR
21	0.177	0.377	0.382
22	0.215	0.443	0.447
23	0.242	0.498	0.496
24	0.252	0.521	0.516
25	0.287	0.585	0.565
26	0.312	0.591	0.581
27	0.324	0.616	0.6
28	0.35	0.636	0.623
29	0.383	0.686	0.669
30	0.407	0.7	0.68
31	0.444	0.777	0.762
32	0.491	0.857	0.839
33	0.543	0.999	0.956
34	0.571	1.03	0.979
35	0.604	1.05	1.02
36	0.64	1.08	1.07
37	0.663	1.09	1.07
38	0.672	1.12	1.11
39	0.708	1.18	1.14
40	0.726	1.17	1.14
41	0.703	1.11	1.09
42	0.747	1.14	1.13
43	0.772	1.22	1.2
44	0.766	1.2	1.19
45	0.813	1.3	1.29
46	0.808	1.26	1.25
47	0.846	1.31	1.32
48	0.855	1.28	1.27
49	0.9	1.32	1.32
50	0.934	1.31	1.29
51	0.934	1.34	1.34
52	0.903	1.35	1.36

续表

第 *n* 月	等权重 CAR	总市值权重 CAR	流通市值权重 CAR
53	0.906	1.31	1.31
54	0.881	1.31	1.29
55	0.919	1.33	1.29
56	0.91	1.43	1.39
57	0.885	1.42	1.36
58	0.913	1.44	1.38
59	0.891	1.45	1.38
60	0.899	1.44	1.33
61	1.01	1.83	1.76
62	1	1.6	1.56
63	1.09	1.66	1.63
64	1.18	1.71	1.66
65	1.24	1.62	1.6
66	1.34	1.75	1.72
67	1.46	1.85	1.86
68	1.35	1.67	1.68
69	1.47	1.84	1.86
70	1.33	1.6	1.66

这里需要说明的是，第 52 个月后，累计超额收益率出现迅速下降的原因是样本问题，创业板最早上市（2009 年 10—11 月）的几家公司在 2014 年第二季度表现变化导致 CAR 的迅速下滑。总体来看，我国创业板累计超额收益率呈持续上涨趋势。

根据表 5-1 得出，对创业板而言，相对上证综合指数，在上市后第一年、第二年、第三年的时间上其累计超额收益率都一直处在缓慢升高过程中，从现象上而言一般意义上的 IPO 后新股弱势现象在创业板并不存在。这一现象并不随着所使用的权重计算方法的不同而有所不同。但是，创业板不存在新股弱势现象并不意味着我国证券市场不存在新股弱势现象，至少从图 5-2 中我们就可以看出，我国主板市场的新股弱势现象在上市之日到 30 个月左右的时间间隔内，还是非常明显的。这和国内其他一些学者的发现是一致的。

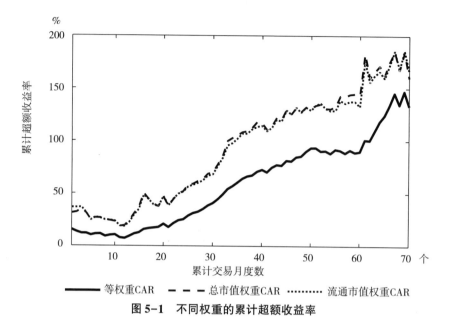

图 5-1　不同权重的累计超额收益率

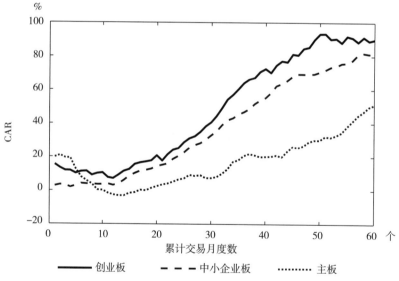

图 5-2　等权重累计超额收益率

由图 5-2 可知，虽然创业板、中小板、主板的等权重累计超额收益率在样本期间均处于上升阶段，但不同时间段的相对位置仍有所差别：创业板和中小板在前 25 个交易月的累计超额收益率趋同，创业板略高于中小企业板；随着时间的推移，创业板和中小板的差距逐渐拉开，截至第 60 个交易月，创业板的累计超额收益率持续高于中小板。主板的累计超额收益率则一直低于创业板和中小板。

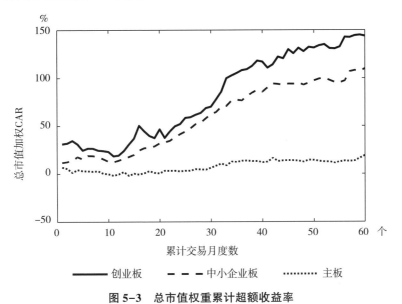

图 5-3　总市值权重累计超额收益率

图 5-3 显示了总市值权重的累计超额收益率的变化趋势，和等权重的累计超额收益率不同，样本期间内，创业板和中小板几乎呈一条曲线，创业板略高于中小板，而在第 30 个交易月后才有明显的差距，即创业板开始大幅超越中小板。主板和前面两者的差距则不断扩大。

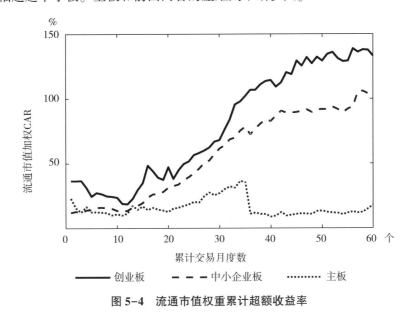

图 5-4　流通市值权重累计超额收益率

图 5-4 显示了流通市值权重累计超额收益和总市值累计超额收益类似。对比主板、中小板上市公司而言，可以发现总体上创业板和中小企业板的累计超额收益相差不大，二者均比主板市场的同期累计超额收益要高。总体而言，在上市后的四年时间内，从月度数据来看，创业板和中小企业板市场 CAR 持续为正，而主板在上市后一年内的等权重 CAR 为负，总市值和流通市值权重的 CAR 也在零附近徘徊，这说明主板市场的 IPO 后业绩长期弱势现象较为明显，而创业板和中小企业板的长期弱势现象并不明显。

5.2 测度 Ⅱ：购买并持有超额收益率（BHAR）方法

自从 Ritter（1991）以来，购买并持有超额收益率（BHAR）开始被普遍作为上市公司的长期绩效的衡量指标。BHAR 方法下样本第 i 只股票持有到期的异常收益率定义为

$$BHAR_{i,t} = BHR_{i,t} - BHR_{m,t}$$

其中，$BHR_{i,t}$ 是样本第 i 只股票持有到期的收益率；$BHR_{m,t}$ 是样本第 i 只股票对应的市场收益率；$BHAR_{i,t}$ 为正表示 IPO 长期强势。

同样地，市场权重取值方法有等权重平均、流通市值加权平均、总市值加权平均等方法。但 BHAR 存在一定的缺陷，即度量指标的分布的统计检验不太稳定，基准收益率的构造容易导致误差累计。

表 5-2 创业板的 BHAR

滞后月度	等权重 BHAR	总市值权重 BHAR	流通市值权重 BHAR
1	0.156	0.312	0.365
2	0.133	0.4	0.457
3	0.13	0.553	0.59
4	0.119	0.358	0.361
5	0.105	0.277	0.275
6	0.0913	0.254	0.266
7	0.0959	0.284	0.281
8	0.0611	0.231	0.237
9	0.0827	0.274	0.28
10	0.0819	0.233	0.237
11	0.034	0.149	0.15

续表

滞后月度	等权重 BHAR	总市值权重 BHAR	流通市值权重 BHAR
12	0.0396	0.17	0.165
13	0.0676	0.253	0.241
14	0.114	0.429	0.413
15	0.147	0.705	0.663
16	0.223	1.07	1.03
17	0.184	0.712	0.717
18	0.151	0.469	0.474
19	0.131	0.365	0.375
20	0.176	0.548	0.581
21	0.147	0.414	0.434
22	0.193	0.489	0.509
23	0.232	0.56	0.57
24	0.25	0.612	0.619
25	0.283	0.691	0.665
26	0.307	0.664	0.657
27	0.337	0.722	0.701
28	0.357	0.744	0.73
29	0.396	0.802	0.788
30	0.425	0.839	0.825
31	0.508	1.06	1.04
32	0.609	1.31	1.27
33	0.727	1.76	1.62
34	0.74	1.73	1.6
35	0.768	1.75	1.66
36	0.799	1.75	1.72
37	0.819	1.75	1.68
38	0.853	1.96	1.88
39	0.909	2.19	2.02
40	0.89	2.02	1.93
41	0.781	1.67	1.64
42	0.829	1.7	1.66
43	0.926	2.11	2.07

滞后月度	等权重 BHAR	总市值权重 BHAR	流通市值权重 BHAR
44	0.939	2.26	2.23
45	1.05	2.61	2.58
46	1.02	2.36	2.38
47	1.12	2.42	2.49
48	1.1	2.3	2.35
49	1.14	2.4	2.49
50	1.08	2.07	2.03
51	1.09	2.34	2.47
52	1.04	2.66	2.89
53	0.972	2.16	2.25
54	0.864	2.18	2.12
55	0.915	2.36	2.19
56	0.969	3.52	3.16
57	0.976	4.19	3.66
58	1.03	3.59	3.13
59	1.02	3.51	3.06
60	1.16	3.96	3.2
61	1.37	4.45	4.13
62	1.2	2.91	2.82
63	1.39	2.89	2.83
64	1.56	3.08	2.9
65	1.56	2.64	2.56
66	1.88	3.11	3.06
67	2.27	4.1	4.32
68	1.76	2.97	3.13
69	2	3.61	3.85
70	1.36	2.62	2.8

从图 5-5 可知，创业板的总市值权重和流通市值权重的购买并持有收益 BHAR 的变化趋势基本一致，等权重的 BHAR 则显著低于总市值和流通市值权重的 BHAR，在第 20 个交易月后尤其明显。但总体而言，创业板的购买并持有收益 BHAR 是处于上升通道的。

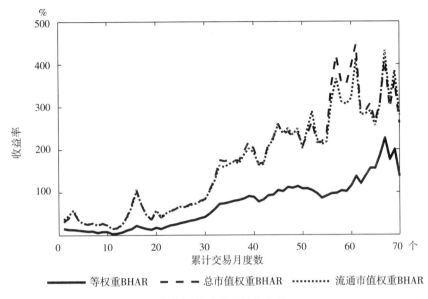

图 5-5 创业板的购买并持有收益 BHAR

如图 5-6 所示，创业板、中小板和主板的等权重购买并持有超额收益 BHAR 则较为复杂。在样本期间内三者的数据曲线出现了较多交叉，前 12 个交易月左右，BHAR 的排序是主板高于创业板、创业板高于中小板，但三大板块的 BHAR 均呈下降趋势并一度为负；但过了第 12 个交易月，创业板的收益开始高于主板，中小板在第 12 个交易月开始也超过了主板，甚至一度突破主板的曲线，三大板块的累计超额收益均呈上升趋势；随后至第 60 个交易月，主板的收益一直落后于创业板和中小板，创业板一直处于最高位，三大板块的累计超额收益持续上升。

相比较图 5-6 的等权重 BHAR，总市值权重的 BHAR 稍有差异。从图 5-7 中可以看出，前 40 个月创业板的收益与中小板几乎重合，只在第 10 个交易月至第 20 个交易月，创业板远远超过了主板和中小板，收益最高；从第 30 个交易月开始，中小板与创业板的累计超额收益交点较多，创业板的波动较大，但都保持着上升的趋势。创业板的累计超额收益一直处于一个高位，长期价格行为表现强势。

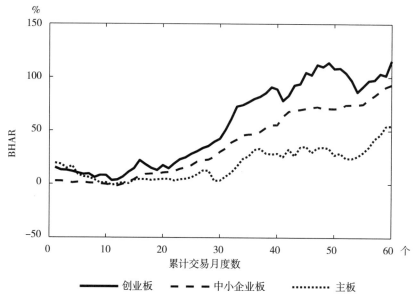

图 5-6　等权重购买并持有超额收益

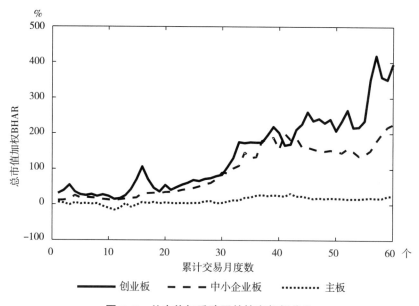

图 5-7　总市值权重购买并持有超额收益

　　流通市值购买并持有超额收益 BHAR 和总市值权重的趋势基本一致。从 BHAR 指标来看，创业板和中小板的长期价格行为表现强势，而主板的长期价格行为表现弱势。

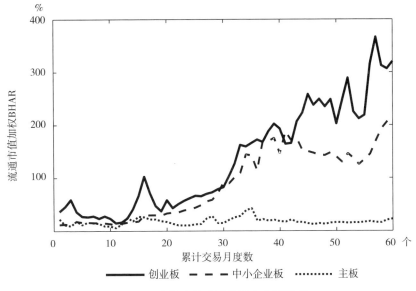

图 5-8 流通市值购买并持有超额收益

在长期绩效指标的选择上，到底 CAR 和 BHAR 哪一个更好的问题曾经引起不少的争论，Lyon 等（1999）的研究表明 CAR 是 BHAR 在满足资本资产定价模型 CAPM 情况下的有偏估计，从而他们的建议是使用 BHAR 作为长期绩效指标变量更好。根据前文对 CAR 和 BHAR 分析结果表明，二者具有一定程度的一致性，在主板市场上二者都表明其存在长期价格行为弱势，但在创业板和中小板市场上二者都表明两个市场存在长期价格行为强势的现象。但是 Fama（1998）统计检验认为 BHAR 相对 CAR 来说其作为长期绩效测量指标的问题更多，从而 Fama 提出使用三因素模型来衡量事件的长期绩效指标。Carhart（1997）在研究基金绩效表现时使用的四因素模型考虑了市场惯性因素，因此其在某种程度上更具有说服力。这也是本章在分析 IPO 后长期价格行为所借鉴的分析方法。

5.3 测度Ⅲ：基于日历时间组合的 IPO 后长期绩效的测量

关于长期事件研究，除了前文提到的累计超额收益率（CAR）和持有超额收益率（BHAR）以外，还有 Fama（1998）之后出现的日历时间投资组合（Calendar Time Portfolio）。日历时间组合方法建立在无套利假设之上，诸多资产定价模型确立了资产价格影响因素和其均衡价格之间的函数映射关系，相对一般的是套利定价理论（APT）。最常使用的因子定价模型为资本资产定价（单因子）模型与 Fama 和 French（1993）提出的三因子定价模型，以及近年来有部分学者在长期事件研究中采用的由 Carhart（1995）提出的四因子模型。

Fama 和 French（1993）解释股票收益率的三因子模型认为，投资组合（单一股票为只含有一只股票的组合）的超额收益率可以通过市场资产组合收益（$R_m - R_f$）、市值因子（SMB）、账面市值比（HML）三个因子来解释，其均衡定价模型表示为

$$E(R_{it}) - R_{ft} = \beta_i \{ E(R_{mt}) - R_{ft} \} + \varphi_i E(SMB_t) + \gamma_i E(HML_t) \quad (5.3)$$

其中，R_{it} 为资产 i 在时间 t 的收益率，R_{ft}、R_{mt} 分别为时间 t 的无风险收益率和市场收益率，β_i、φ_i、γ_i 是三个因子的系数，其回归模型方程为

$$R_{it} - R_{ft} = \alpha_i + \beta_i (R_{mt} - R_{ft}) + \varphi_i SMB_t + \gamma_i HML_t + \varepsilon_{it} \quad (5.4)$$

Loughran 和 Ritter（1995）对 IPO 长期表现进行了实证研究，在研究中使用的 Fama-French 三因子模型，结果表明：通过 Fama-French 三因子模型进行的实证研究，能有效测度新股的超额收益。但是 Brav 等（2000）则发现，在测量新股长期表现时，Fama-French 三因子模型无法解决变量之间存在的联合共生关系。Loughran 和 Ritter（1995）通过研究得出在测算市场投资组合收益时，假设市场样本中含有大量新上市的企业，那么就会影响到测算出来的新股长期趋势的大小和可信度等问题，因此在测算市场投资组合收益时，应使用排除最新上市公司后的净化市场投资组合，以减少三因子模型对超额收益估算的误差程度，增进模型的检验能力。Brav 等（2000）得出结论：必须将所研究的股票样本之前的表现也作为计算新股长期表现的必要因素。在此基础之上，Carhart（1995）通过对 Fama-French 三因子模型进行适当改进，在其中增加了动量因子，并提出了四因子模型，同时，还采取实证方法检验了四因子模型的有效性。Carhart 四因子模型的回归模型表达式为

$$R_{it} - R_{ft} = \alpha_i + \beta_i (R_{mt} - R_{ft}) + \varphi_i HML_t + \gamma_i SMB_t + \eta_i UMD_t + \varepsilon_{it}$$

从上式可以看出，四因子模型是在三因子模型的基础上，增加了动量因子 UMD，表示观察月的前八个月高股价收益扣除前八个月低股价收益股票平均收益的差异。Daniel 和 Wermer（1997）采用了实证研究的方法，得出四因子模型能够有效测量共同基金业绩发展趋势，为其持续增长提供战略支撑。Kim（2003）则通过研究发现了四因子模型的另一优势，即该模型在解释包含异常收益股票 IPO 的长期趋势问题方面，比其他的模型表现得

更具有说服力。

总体来说，四因子模型作为一种公司特性匹配模型，一方面，它不会受到偏度偏差、再平衡偏差之类因素的影响；另一方面，由于我国证券市场具有有效性较弱的特点，而逐步迈进半强势有效市场，甚至个别行业还没有上市公司，因此，对于进行 IPO 股票长期价格表现的研究还缺乏样本支持而无法通过匹配公司方法进行。而作为公司特性匹配模型的四因子模型能够从公司特征出发，克服这一问题，与此同时，采用市场价格因素还可以有效弥补创业板市场作为新兴市场的股价过度波动。最后，由于我国证券市场中的上市公司存在股权割裂等现象，通过以往的实证研究可发现，无论是对 IPO 抑价现象的研究，还是对于公司长期弱势的研究，一个非常关键的因素就是"公司规模"，而四因子模型恰恰对该因素进行了控制。因此，本章在研究中最终选择了采用四因子模型对我国创业板 IPO 股票长期价格表现作总结性的评述。

5.3.1 样本选择与数据整理

（一）样本选择

为了比较研究国内创业板市场的 IPO 后长期绩效，选择我国深圳证券交易所上市的人民币交易结算的创业板上市公司作为研究对象，考虑到创业板创立于 2009 年 10 月，因而选择 2009 年 10 月至 2020 年 3 月期间上市发行、交易的企业作为研究对象。

其中，2020 年 3 月之后上市发行的企业，由于其交易时长截至研究时不足八个月，不满足本章设定的投资组合形成时间，在分析中将会被剔除。为了保持样本足够的包容性，在计算相关因子指标的时候，将对某段时间暂停上市交易的股票作为缺失值处理，在计算当期收益平均值的时候剔除在外。

（二）创业板因子计算

为了构建四因子定价模型，本章将以国内上市公司的月度交易数据统计为基础，计算四个因子收益，其中数据来源于 CSMAR 国内股票市场交易的月度统计，在计算月度收益的时候取简单单期收益。各个因子收益的计算方法介绍如下。

1. 市场因子指标

所谓市场因子（MKT），指的是市场组合平均收益与无风险收益率的差，称之为市场组合的超额收益。在构建市场组合平均收益的时候，对个股的权重可以取等权重、总市值加权平均、流通市值加权平均。对创业板市场计算其市场组合的平均收益，从而得到市场因子（MKT）指标。

市场平均收益的计算公式为

$$R_{m,\,t} = \frac{\sum\limits_{n} w_{n,\,t} r_{n,\,t}}{\sum\limits_{n} w_{n,\,t}} \tag{5.5}$$

其中，$r_{n,t}$ 为股票 n 在 t 月的个股回报率，$w_{n,t}$ 为股票 n 在时间 t 的权重。考虑到国内股票市场在很长一段时间内非流通股份在上市公司中占据重要的部分，因而权重 $w_{n,t}$ 常见的有三种选取方法：（1）$w_{n,t}=1$ 为每种股票具有相等的权重；（2）$w_{n,t}>1$ 为每只股票的流通市值；（3）$w_{n,t}<1$ 为每只股票的总市值。

无风险收益取一年期定期利率为基准，然后转化为月度的无风险收益率，根据 CSMAR 的统计，年度的无风险利率如图 5-9 所示。

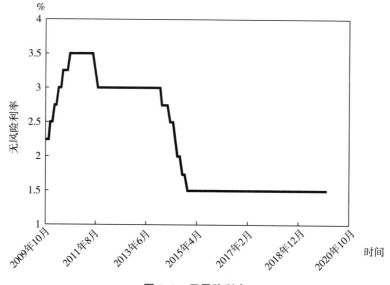

图 5-9　无风险利率

由于在本章中是以月度数据作为基本分析对象，因此转化为月度的无风险收益率后，如图 5-10 所示。

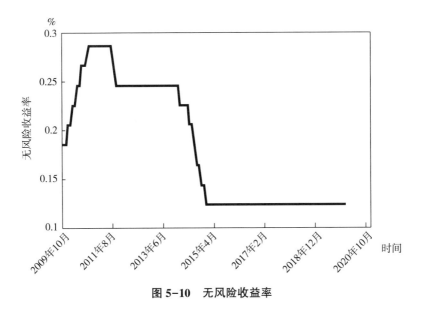

图 5-10　无风险收益率

从而得到三种权重计算方法下市场因子指标，如图 5-11 所示。

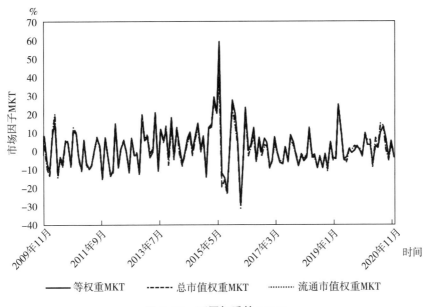

图 5-11　不同权重的 MKT

从图 5-11 中可以看出，不同权重的市场因子基本重合，在 -20%~20% 呈现不断波动的趋势，其中，等权重的市场因子在 2015 年 5 月短暂达到了 60% 的最高点，此时总市值权重和流通市值权重的市场因子大约在 40%。

107

2. 规模因子指标

规模因子（SMB）代表不同市值的公司股票的市场收益的差别。规模因子的计算方法如下：

第一步：参考 Fama 和 French（2015）的研究，以个股在 t 年 6 月末的账面市值比（BM）和市场价值（Size）进行分组，用于确定第 t 年 7 月至 $t+1$ 年 6 月的股票组合。分组方法如下：按市场价值大小平均分为两组，即前 50%（Big 组），后 50%（Small 组）；两组内部再按 BM 高低各分为三组，即前 30%（High 组），中 40%（Medium 组），后 30%（Low 组）；Size 和 BM 交叉分组后共形成 6（2×3）个组合，即 Small High（SH）组，Small Medium（SM）组，Small Low（SL）组，Big High（BH）组，Big Medium（BM）组，Big Low（BL）组。

第二步：以个股第 t 年 6 月 30 日的相对市场价值为权重（个股的市场价值与组内个股市场价值总和之比，包括流通市值权重和总市值权重），对第 t 年 7 月至第 $t+1$ 年 6 月期间内个股的月收益率进行加权平均，从而求得每个组的月收益率，作为后续计算的基础。其中，个股的月回报是指考虑现金红利再投资的月个股回报率。

第三步：以每个组的月回报为依据，计算每个月的 SMB 值。计算公式如下：

$$SMB_t = \left(\frac{R_{SL} + R_{SM} + R_{SH}}{3} \right) - \left(\frac{R_{BL} + R_{BM} + R_{BH}}{3} \right) \tag{5.6}$$

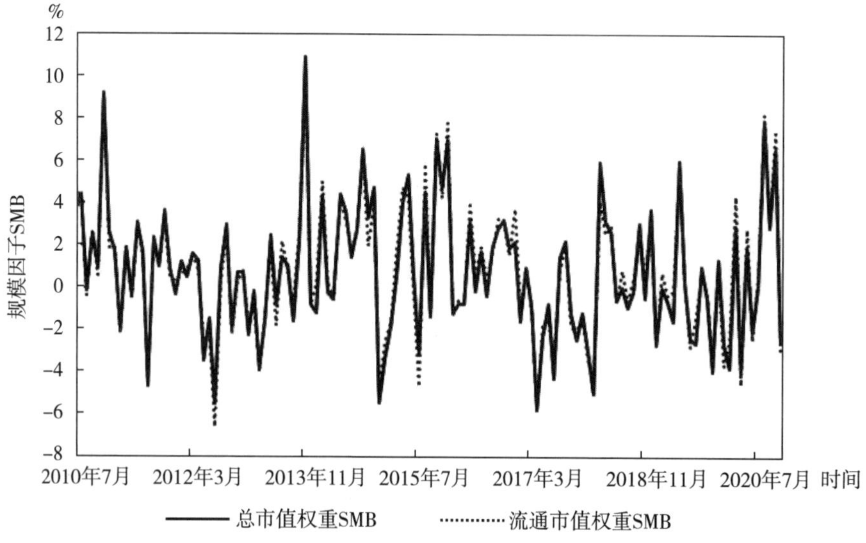

图 5-12　不同权重的 SMB

从图 5-12 中可以看出，总市值权重 SMB 和流通市值权重 SMB 的变化趋势大体一致，整体范围在−10%～10%，但是波动较大，在 2012 年 7 月、2014 年 12 月和 2017 年 4 月均出现了突破−5%的低值，而在 2010 年 11 月和 2013 年 11 月则达到了接近 10%高点。

3. 价值因子指标

价值因子（HML）表示高账面市值比（BE/ME）股票与低账面市值比（BE/ME）股票的收益之差，其计算方法与 SMB 类似。首先，按照账面市值比和市场价值把创业板市场上的股票分为 6 组，剔除中账面市值比（SM、BM）的两组。接下来，采用高账面市值比组合（SH、BH）二者月收益率的平均值减去低账面市值比组合（SL、BL）月收益率的算术平均值。计算公式如下：

$$HML_t = \left(\frac{R_{SH} + R_{BH}}{2}\right) - \left(\frac{R_{SL} + R_{BL}}{2}\right) \tag{5.7}$$

如图 5-13 所示，和规模因子 SMB 类似，不同权重的 HML 基本上同起同落，总体范围处于−10%～10%，但是波动较大，最小值出现在 2011 年 5 月和 2015 年 10 月的−7%左右，最大值则达到了 2015 年 3 月和 5 月的 9%左右。

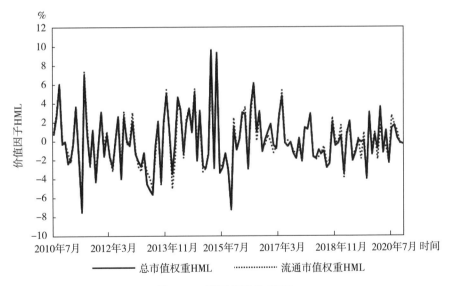

图 5-13 不同权重的 HML

4. 动量因子指标

动量因子（UMD）反映的是市场表现的持续问题，即在历史上表现好的股票是否在将来的某段时间内也会有良好的市场表现。具体而言，UMD 采用历史上表现好的股票与表现差的股票在当前时期的收益差来衡量。而动量效应持续的时间长短在不同市场不同时间也可能存在区别，在 Carhart（1997）的研究中针对美国市场作者使用的是一年。本章对 IPO 进行研究时考虑到国内 IPO 时间区间问题，创业板从 2009 年底开盘到 2020 年中不过十年多，为保证有足够的样本量，时间区间不宜选取太长；另外，国内股票交易市场相对历史较短，交易制度和市场环境与政策环境等处在快速变革中，市场热点频出，这些因子都导致国内股票市场的变化相对较快，因此动量效应的持续时间可能会相对缩短，从而，在我们的研究中，动量效应的持续时间我们选取八个月。

接下来，按照八个月形成期内的股票累计收益率对创业板股票进行排序，选取累计收益率最高的 30% 股票组合为走势较强的股票（MH），而累计收益率最低的 30% 股票组合为走势较弱的股票（ML），分别计算其组合月收益率。UMD 的计算公式可以表示为

$$UMD_t = R_{MH} - R_{ML} \tag{5.8}$$

我们从图 5-14 中可以看出，动量因子在 2015 年 4 月的效应较为明显，达到了 25% 左右，并且在同年 5 月迅速下降到 -20% 左右，此时流通市值权重 UMD 明显低于总市值权重的 UMD。除此之外的大部分时间均在 -10%~10% 波动，不同权重的 UMD 曲线也趋于一致。

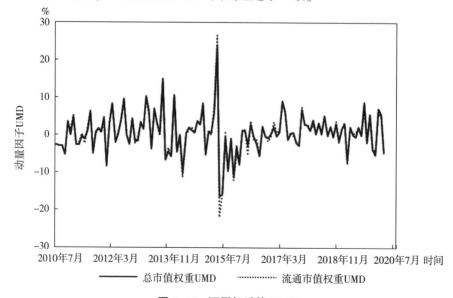

图 5-14　不同权重的 UMD

（三）超额异常收益的检验

在计算长期超额收益的过程中，因为模型设定方面的原因，检验长期超额收益可能会遇到某些模型误设问题：第一个导致模型误设的问题是新股上市或幸存者偏差，主要是由于所研究的事件——IPO 后市场绩效的时间区间较长，所研究的样本内的企业总体可能因为不断有新的企业 IPO 或者是企业因被收购、业绩达不到交易所要求等原因而退市，从而导致构成指数或基准组合的企业在研究的时间段内发生变化。第二个导致模型误设的因素可能是再平衡导致的误设，在计算基准组合的复合收益率的时候，通常假设每隔一定时期（比如一个月或一年）会重新平衡一次，而在处理样本企业的收益率的时候却不存在再平衡问题。第三个误设因素是样本分布偏度，这主要是因为长期超额收益通常具有正的偏度，也会导致模型检验的误设。对这些偏差问题，Lyon 等（1999）给出的解决方式是偏度调整 t 检验。在这里研究创业板 IPO 长期市场绩效上借鉴他们的方法来检验超期超额收益，具体的偏态调整 t 检验方法的步骤大致如下：

1. 根据市场上全部 IPO 股票计算得到的四个 Carhart 因子和无风险收益率 R_f，以及每一只股票 i 的相应时间区间内的收益率，通过线性回归可以得到常数项 α_i 的估计结果。根据 Carhart 因子定价模型的解释，股价收益的剩余部分 α_i 可以看作是在消除市场整体状况、规模收益因素、账面价值比代表的价值因素和表示市场惯性的动量因素四个因素后公司的市场超额收益。对每一家 IPO 公司可以得到一个 α_i 值，诸多上市公司的超额收益就反映了市场对 IPO 公司的整体性评价。

2. 检验某个随机变量是否为零的通常方法是 t 检验。由于偏态问题，根据 Lyon 等（1999）的方法对通常的 t 检验进行简单的修订。对上一步得到的诸多 IPO 公司的 α_i 值计算设定的时间区间 T（半年或一年等）的平均值 $\bar{\alpha}_T$，再根据修正后的 t 统计量进行检验：

$$t_T = \frac{\bar{\alpha}_T}{\sigma_T / \sqrt{n}} \tag{5.9}$$

其中，n 为 t 统计量的自由度，σ_T 为时间区间 T 内 α_i 值的标准差。需要说明的是，上述 t 检验的原假设为 $\alpha_i = 0$。

对于通过检验不为零的 $\bar{\alpha}_T$，若超额收益的平均值 $\bar{\alpha}_T < 0$，表明 IPO 后这段时间内股票的市场绩效比非 IPO 股票要弱势；而如果 $\bar{\alpha}_T > 0$ 成立，则表明 IPO 股票在此段时间内市场表现比非 IPO 股票要好。否则，在统计上表明 IPO 股票和其他股票在市场绩效上没有差别。

5.3.2　IPO 后长期价格行为的实证分析

接下来，以创业板上市企业（上市时间自 2009 年起）为样本，在上述因子的基础上，进行回归分析。

根据上市时间可以把创业板的股票分组。综合考虑创业板企业的上市时间分布和样本容量，在这里我们把创业板上市公司按照其上市所处时间段进行分组。包括 2010 年 6 月及之前，2010 年 7 月至 2011 年 6 月、2011 年 7 月至 2012 年 6 月、2012 年 7 月至 10 月、2014 年 1 月至 6 月、2014 年 7 月至 2015 年 6 月、2015 年 7 月至 2016 年 6 月、2016 年 7 月至 2017 年 6 月、2017 年 7 月至 2018 年 6 月、2018 年 7 月至 2019 年 6 月、2019 年 7 月至 2020 年 3 月共 11 个区间，其中每个区间上市的公司构成一个组合。因为 2020 年 3 月之后上市的公司到研究时上市交易时间不到八个月，不满足本章设定的动量效应的持续时间，因而未予考虑。

具体阐释，新股上市 6 个月的表现是指上述 11 个组合在分别上市后半年内的表现；上市 1 年的表现是指上述 11 个组合在分别上市一个会计年度后的表现；上市 3 年的表现就是 2017 年 6 月之前的八个组合上市三年后的表现。

由于 2009 年下半年是最早一批创业板公司 IPO，从图 5-15 中可以看出，总市值权重和流通市值权重的 RetP 波动情况类似，均在 -10%~20% 的区间上下波动。在 2014 年至 2015 年之间波动较大，最高点超过 40%，在 2019 年 2 月短暂地达到 30%。

其中，图 5-15 中横轴为时间，纵轴为组合收益（%），从图 5-16 中可以看出，收益大致在 20% 上下的范围内波动，总市值权重和流通市值权重下的组合收益率的波动情况类似。

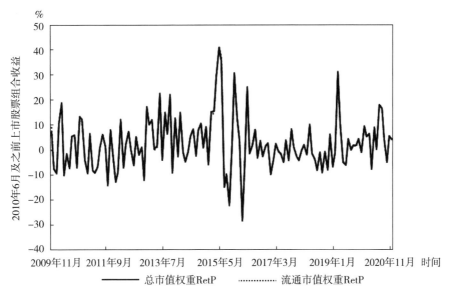

图 5-15　2010 年 6 月及之前上市时间组合的平均收益

所有回归用到的变量的描述统计如下：

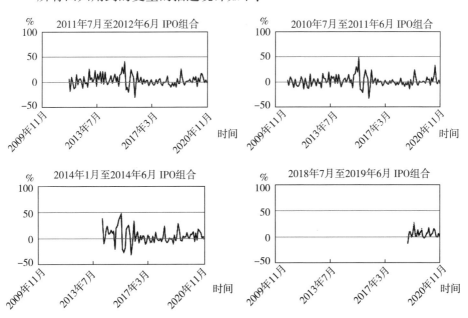

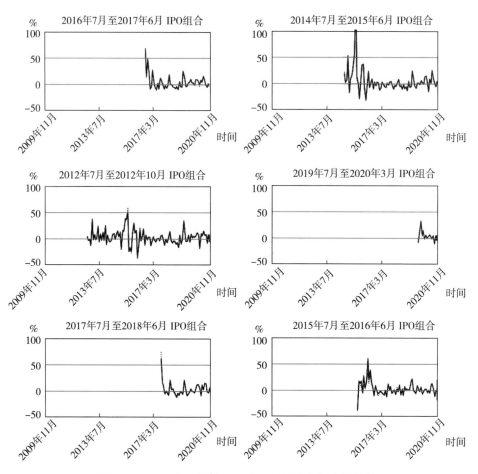

图 5-16　2010 年 6 月至 2020 年 3 月间上市组合的收益

根据表 5-3 可以看出创业板的 MKT 变量在总市值加权和流通市值加权下的平均值分别为 1.149% 和 1.073%，市值因子 SMB 的均值分别为 0.664% 和 0.685%，账面市值比因子 HML 分别为 0.058% 和 0.067%，动量因素 UMD 分别为 0.440% 和 0.389%。

表 5-3　描述性统计

变量	样本数	均值	标准差	最小值	25%分位	中位数	75%分位	最大值
RetPttl	117	3.057	11.189	−27.253	−3.700	1.720	8.144	58.794
RetPosd	117	2.720	10.778	−29.227	−4.323	1.259	8.074	49.514
MKTttl	117	1.149	10.486	−29.782	−5.469	0.481	6.491	40.105
MKTosd	117	1.073	10.249	−31.026	−5.239	0.594	6.183	36.750

续表

变量	样本数	均值	标准差	最小值	25%分位	中位数	75%分位	最大值
SMBttl	117	0.664	3.059	−5.758	−1.253	0.638	2.644	10.941
SMBosd	117	0.685	2.986	−6.586	−1.325	0.575	2.539	9.906
HMLttl	117	0.058	2.982	−7.473	−1.805	−0.288	2.008	9.600
HMLosd	117	0.067	2.889	−7.192	−1.794	−0.277	1.725	9.442
UMDttl	117	0.440	5.420	−16.508	−2.527	0.297	2.929	23.523
UMDosd	117	0.389	5.675	−21.963	−2.182	0.484	3.174	26.553

在根据新股上市时间建立组合之后，根据月度收益数据计算其市值加权收益作为被解释变量。市值权重的取法有两种：总市值加权（RetPttl）和流通市值加权（RetPosd）。首先进行 Fama-Frech 三因素模型回归，结果如表 5-4 所示。

表 5-4　新股组合的 Fama-Frech 三因素模型回归结果（总市值加权）

变量	1Yttl	2Yttl	3Yttl	4Yttl	5Yttl	6Yttl	7Yttl
（Intercept）	1.42***	1.20***	1.14***	1.09***	1.83***	3.60***	2.24*
	(6.49)	(7.53)	(5.08)	(2.78)	(3.03)	(2.87)	(1.89)
MKTttl	1.03***	0.98***	1.02***	1.10***	1.09***	1.39***	0.61**
	(28.83)	(38.98)	(40.12)	(25.89)	(18.49)	(4.90)	(2.58)
SMBttl	−0.12	−0.05	0.09	0.21	0.48*	0.75	0.05
	(−1.63)	(−0.83)	(0.97)	(1.61)	(1.85)	(1.32)	(0.12)
HMLttl	−0.32***	0.14**	−0.06	0.170	0.05	1.09	0.28
	(−3.10)	(2.02)	(−0.71)	(1.27)	(0.23)	(0.94)	(0.42)
R^2	0.940	0.970	0.960	0.910	0.840	0.640	0.280
Adj. R^2	0.940	0.970	0.960	0.910	0.840	0.620	0.240
Num. obs.	117	116	104	92	74	68	56
RMSE	2.600	1.800	2.350	3.890	5.600	13.73	9.280
*** p<0.001，** p<0.01，* p<0.05							

由表 5-4 可知，在总市值权重的情况下，市场风险溢价因子（MKTttl）在不同的新股组合中均显著为正，市值因子（SMBttl）仅仅在第五组新股组合中显著，而账面市值比因子在第一组和第二组新股组合中显著，但是在后续的新股组合中均不显著。

表 5-5 报告了流通市值权重下各新股组合的回归结果。可以发现，与

总市值权重的回归结果相似的是，市场因子（MKTosd）的系数在除第七组新股组合以外的其他组合中均显著为正。市值因子（SMBosd）在第三、第四、第五组中显著为正，账面市值比因子在第一和第二个新股组合中显著，并且在第一组中显著为负，在第二组中显著为正。

表5-5　新股组合的 Fama-Frech 三因素模型回归结果（流通市值加权）

变量	1Yosd	2Yosd	3Yosd	4Yosd	5Yosd	6Yosd	7Yosd
（Intercept）	1.45***	1.22***	1.23***	1.18***	1.93***	4.03***	3.78**
	(7.34)	(7.95)	(5.64)	(2.89)	(3.20)	(2.82)	(2.42)
MKTosd	1.04***	1.00***	1.03***	1.07***	1.13***	1.46***	0.52
	(30.73)	(35.64)	(43.44)	(23.69)	(18.32)	(4.62)	(1.54)
SMBosd	−0.06	0.01	0.16*	0.29*	0.55*	0.54	0.40
	(−0.73)	(0.19)	(1.76)	(1.95)	(1.85)	(0.99)	(0.57)
HMLosd	−0.25***	0.19**	−0.03	0.19	0.07	1.53	0.57
	(−2.77)	(2.12)	(−0.44)	(1.33)	(0.26)	(1.08)	(0.61)
R^2	0.950	0.970	0.960	0.900	0.840	0.600	0.130
Adj. R^2	0.950	0.970	0.960	0.890	0.830	0.590	0.0800
Num. obs.	117	116	104	92	74	68	56
RMSE	2.460	1.760	2.220	4.030	5.750	15.13	13.12
*** $p<0.001$, ** $p<0.01$, * $p<0.05$							

接下来，在 Fama-Frech 三因素模型的基础上，引入动量因子，构建 Carhart 四因子模型，回归结果如表5-6所示。

表5-6　Carhart 四因子模型回归结果（总市值加权）

变量	1Yttl	2Yttl	3Yttl	4Yttl	5Yttl	6Yttl	7Yttl
（Intercept）	1.33***	1.29***	1.20***	1.07***	1.78***	3.84***	2.10*
	(6.08)	(7.83)	(5.57)	(2.70)	(2.92)	(2.92)	(1.70)
MKTttl	1.02***	0.99***	1.03***	1.10***	1.09***	1.40***	0.64**
	(34.57)	(46.82)	(42.02)	(25.44)	(20.01)	(5.18)	(2.56)
SMBttl	−0.06	−0.11**	0.05	0.23	0.54**	0.53	0.27
	(−0.53)	(−1.98)	(0.52)	(1.63)	(2.15)	(0.89)	(0.59)
HMLttl	−0.29***	0.11**	−0.07	0.17	0.05	1.14	0.25
	(−3.27)	(2.03)	(−0.84)	(1.35)	(0.24)	(1.02)	(0.36)

续表

变量	1Yttl	2Yttl	3Yttl	4Yttl	5Yttl	6Yttl	7Yttl
UMDttl	0.12	−0.12***	−0.07	0.03	0.16*	−0.57	0.34
	(0.98)	(−2.99)	(−1.21)	(0.31)	(1.67)	(−0.79)	(0.77)
R^2	0.950	0.970	0.960	0.910	0.850	0.660	0.300
Adj. R^2	0.950	0.970	0.960	0.910	0.840	0.630	0.240
Num. obs.	117	116	104	92	74	68	56
RMSE	2.530	1.700	2.330	3.910	5.570	13.45	9.290
*** $p<0.001$, ** $p<0.01$, * $p<0.05$							

表 5-7　Carhart 四因子模型回归结果（流通市值加权）

变量	1Yosd	2Yosd	3Yosd	4Yosd	5Yosd	6Yosd	7Yosd
(Intercept)	1.36***	1.30***	1.28***	1.12***	1.89***	4.36***	3.48**
	(6.93)	(8.09)	(6.01)	(2.73)	(3.11)	(2.96)	(2.18)
MKTosd	1.04***	1.00***	1.03***	1.07***	1.13***	1.45***	0.59
	(34.43)	(42.51)	(45.03)	(23.25)	(19.89)	(5.09)	(1.54)
SMBosd	0.00	−0.04	0.12	0.33**	0.61**	0.26	0.85
	(0.01)	(−0.76)	(1.32)	(2.09)	(2.09)	(0.39)	(0.92)
HMLosd	−0.21**	0.16**	−0.05	0.22	0.08	1.50	0.59
	(−2.54)	(2.34)	(−0.66)	(1.55)	(0.34)	(1.24)	(0.63)
UMDosd	0.13	−0.11**	−0.07	0.09	0.16	−0.77	0.62
	(0.96)	(−2.28)	(−1.22)	(1.02)	(1.66)	(−0.93)	(0.85)
R^2	0.950	0.980	0.960	0.900	0.840	0.640	0.150
Adj. R^2	0.950	0.980	0.960	0.890	0.830	0.620	0.090
Num. obs.	117	116	104	92	74	68	56
RMSE	2.370	1.660	2.200	4.020	5.710	14.48	13.06
*** $p<0.001$, ** $p<0.01$, * $p<0.05$							

根据表 5-6 和表 5-7 可知，在 Carhart 四因子模型中，市场因素 MKT 在不同时间段的新股组合中均对收益有显著的正向影响。市值因素 SMB 则只在个别期间的新股组合中显著，其中，在总市值权重下，市值因子在第二、第五组中显著，在流通市值权重下，市值因子在第四、第五组中显著。账面市值比因子 HML 与 Fama-Frech 三因素模型回归结果相似，只在第一、第二组中显著。动量因子 UMD 在总市值权重下第二、第五个新股组合中显

著，在 2011 年 7 月至 2012 年 6 月上市的新股组合中，UMDttl 对组合收益具有负向影响，而随后在 2013 年 7 月至 2014 年 6 月期间上市的新股组合中，UMDttl 对收益的影响为负，并且，SMBttl 也具有类似的现象。以上结果说明市场因子 MKT 的解释能力最强，能解释全时间段上市的新股组合的加权收益，而其他三个因子，即市值因子 SMB、账面市值比因子 HML 和动量因子 UMD 则只能解释部分时间段的情况。

5.4　本章小结

对早期针对 IPO 后公司股票的长期表现的研究，学者普遍发现了新股长期弱势现象，但是，若将时间调整到 20 世纪 90 年代，更多的学者逐渐通过 IPO 样本分析，较少地发现非常强的新股弱势现象，离现在更近的研究中分歧就更为常见。本部分研究采用基于事件时间组合的 CAR 方法和基于日历时间组合的 BHAR 方法，在构建组合中采用了多种加权方式、长达 60 余月的时间跨度，较为全面地分析了 IPO 后股票的长期价格行为。

通过对创业板和主板、中小板的更多样本、更长时间跨度的分析，验证了主板在 IPO 后 20～40 个月存在新股弱势现象，但是创业板却与此相反，存在显著的长期强势现象。创业板 IPO 后股票长期强势现象的存在，表明在 IPO 发行阶段的发行定价出现了系统性低估，而这在前一章对采用基于 SFA 的抑价程度指标的分析中也表明在短期创业板仍然与最优发行价之间存在较大偏离。与此相对的是，境外发行市场上创业板的发行抑价程度却是最低的，这表明，我国的创业板市场的 IPO 发行定价还存在较大的改善空间。基于此，笔者试图在下一章的研究中，基于物元模糊评价方法提出相对更为合理的 IPO 发行定价方法。

6 基于客观物元模糊综合评价方法的创业板 IPO 定价效率

在本书前述章节的研究中，可以发现我国创业板 IPO 定价效率不高，新股发行与定价机制存在诸多有待完善与改进之处。由于创业板 IPO 定价是一个比主板定价更具异质性与非标准性的多指标、多层次、多属性并带有模糊性的复杂问题，而物元模糊综合评价模型在为处理目的与条件不相容的复杂信息而构建的物元分析方法基础上，结合可对带有模糊性问题定量分析的模糊数学，为创业板 IPO 定价问题提供了一种更能反映创业板 IPO 特性的有效分析框架。

本章节将针对创业板企业 IPO 特性，以主、客观评价相结合的原则，对传统的模糊综合评价模型进行改进，得到一种适用于创业板 IPO 定价并兼具理论意义与实践价值的客观综合定价模型，为创业板 IPO 定价模型的改进提供一种有意义的参考。

我们将首先介绍物元理论在传统层次分析法框架中的应用，并对现有的主观评价模型进行相应改进，以便于结合创业板 IPO 定价问题的特性，将财务数据和股票市场数据等客观性评价指标引入物元模糊综合评价法，最后以实例分析的方式对模型的应用进行详细探讨，并与现有 IPO 定价机制的定价效率进行对比与分析。

6.1 物元模糊方法应用综述

物元模糊分析方法在理论与实践中得到了越来越多的应用，在我国现有采用物元模糊分析方法开展研究的，大多应用在生态环境评价等方面。李如忠（2006）基于模糊物元分析，构建了针对区域生态环境评价的模糊物元模型，并在具体实践中，在对巢湖流域生态环境质量进行评价中应用了该模型，收效甚好。周泰和王亚玲（2010）在研究中，考虑了区域物流发展水平评价指标存在的模糊性和不确定性，以及各相关指标之间的不相容性等特点，应用模糊物元的方法，构建了区域物流发展水平的模糊物元评价模型。该模型的应用研究使该区域的自身物流发展水平得到了准确的定位，为该区域正确制定物流发展规划和产业发展政策提供了大量的科学依据，该模型的实用价值得到了较好的发挥。谢炳庚和刘智平（2010）建立了模糊物元综合评价模型，该模型创新性地将物元分析法中关联度函数引入到模糊综合评判法中，并在模型中对隶属度函数进行了适当改进。同时，笔者还通过将该模型与模糊综合评判模型的实例进行了对比验证分析，最后得出结论：运用该模型得到的结果比使用单一的模糊综合评判模型更加准确、合理，而且简单易操作，对大气环境质量评价方法的丰富和发展也起到了积极作用。张俊华等（2010）构建了用于评价地下水水质的模糊物元分析模型，该模型是基于模糊物元分析的基础，与熵权法有效地进行结合而提出的。杜向润等（2015）建立了基于熵权的改进模糊物元模型，选取人均水资源量、单位面积水资源量等 14 项评价指标，对山西省 11 个地区的水安全进行评价，结果与当地水资源实际状况基本相符。黄利福等（2017）基于模糊物元分析理论，将复合模糊物元与基准模糊物元之间的欧氏贴近度作为适应度值引导粒子群算法的进化，提出了以模糊物元模型与粒子群算法为依据的模糊粒子群算法，以解决高维多目标柔性作业车间调度问题。

6.2　物元分析方法的简介

物元分析方法是基于层次分析法，同时为了有效处理目的与条件不相容信息而建立的一种新方法。通过传统理论的梳理，发现传统的层次分析法含有较强的主观性，而物元分析法则不同，它是通过对事物的可变性的描述，并建立多指标综合评估模型，对于是与非的定性描述已经发展为定量描述，能够较好地为创业板 IPO 定价这类复杂的评估问题提供新的解决思路和方法。

其建模思路的要点是用事物 M、特征 C、量值 X 三个要素来描述一个对象，即以 $R = (M, C, X)$ 作为描述事物的基本元，这些要素就构成物元。本章将待评估的各指标看作事物 M 开始建模工作。

（1）复合物元矩阵 R 的定义

若 m 个事物 M_1，M_2，…，M_m 具备 n 个共同特征 C_1，C_2，…，C_n 及其相应的量值 x_{ij}，则这 m 个事物的 n 维复合物元矩阵为

$$R = \left\{ \begin{matrix} & M_1 & M_2 & \cdots & M_m \\ C_1 & X_{11} & X_{12} & \cdots & X_{1m} \\ C_2 & X_{21} & X_{22} & \cdots & X_{2m} \\ \vdots & \vdots & \vdots & \cdots & \vdots \\ C_n & X_{n1} & X_{n2} & \cdots & X_{nm} \end{matrix} \right\} \tag{6.1}$$

（2）标准物元向量 R_{oj}、节域物元向量 R_{pj} 的定义

$$R_{oj} = (u_1, u_2, \cdots, u_m) \tag{6.2}$$

其中，u_j 为 X_{ij}，$i = 1, 2, \cdots, n$ 的几何平均数，即

$$u_j = n\sqrt{\prod_{i=1}^{n} X_{ij}} \, (i = 1, 2, \cdots, n)$$

$$R_{pj} = [(a_1, b_1), (a_2, b_2), \cdots, (a_m, b_m)] \tag{6.3}$$

其中，$a_j = \min_i(X_{ij})$，$b_j = \max_i(X_{ij})$，$j = 1, 2, \cdots, m$

（3）关联函数物元矩阵 R_o 的定义

$$R_o = \begin{bmatrix} K(X_{11}) & K(X_{12}) & \cdots & K(X_{1m}) \\ K(X_{21}) & K(X_{22}) & \cdots & K(X_{2m}) \\ \vdots & \vdots & \cdots & \vdots \\ K(X_{n1}) & K(X_{n2}) & \cdots & K(X_{nm}) \end{bmatrix} \tag{6.4}$$

其中，

$$K(X_{ij}) = \begin{cases} \dfrac{X_{ij} - u_j}{b_j - u_j}, & \text{当 } X_{ij} \geqslant u_j \text{ 时} \\[2mm] \dfrac{u_j - X_{ij}}{u_j - b_j}, & \text{当 } X_{ij} < u_j \text{ 时} \end{cases}$$

定义为事物 M_j 第 i 个特征的关联函数值。

6.3 利用物元评价理论方法确定各因素权重

在一个项目的综合评估当中，需要考虑诸多复杂的影响因素。为更好地进行评估，可对不同因素进行层次划分，并聘请专家对各影响因素的权重相对重要性进行评判，从而确定不同影响因素的权重。但不同专家对各影响因素的权重的评判可能偏离实际情况。在具体研究中，不同专家对各影响因素的权重的评判可能有相互偏离的实际情况，本研究中所选用的物元分析方法有效地考虑该问题，通过将各专家的评分作为特征样本 C_i、将

各指标作为事件 M_j 进行处理，由此得出的修正权重在客观性上有较大提高。其操作流程框架如下：

（1）通过层次分析法的基本原理构造权重复合物元矩阵 R，得到标准物元向量 R_{oj}、节域物元向量 R_{pj}，以确定关联函数物元矩阵 R_o〔参见式（6.1）至式（6.4）〕。以关联函数物元矩阵 R_o 中元素值来度量专家 C_i 对于指标 M_j 的权重评判值与所有专家权重评判平均值关联程度的大小，并以此作为确定各专家评判有效性（即效度向量）的依据。

（2）确定各专家的效度向量 R_v，即各专家对各指标权重评判的有效程度向量：

$$R_v = (v_1, \ v_2, \ \cdots, \ v_m) \tag{6.5}$$

其中，

$$v_i = \frac{\dfrac{1}{k_i}}{\displaystyle\sum_{i=1}^{n} \dfrac{1}{k_i}}, \ k_i = \sum_{j=1}^{m} K(X_{ij})$$

（3）以各专家效度向量对复合物元矩阵 R 进行修正如下：

$$R_\omega = R_v \times R \tag{6.6}$$

向量 $R_\omega = (\omega_1, \ \omega_2, \ \cdots, \ \omega_m)$ 即为运用物元理论修正后的各因素（即评估指标）权重向量，其中 ω_j 即为因素 M_j 对其上层因素的影响权重。显然，同一子因素集各权重之和 $\sum \omega_j = 1$。

6.4 创业板 IPO 定价模型的构建

IPO 定价影响因素是一个已被诸多学者深入研究的领域，本部分将在综合讨论创业板 IPO 定价影响因素的基础上，建立一个多层次的定价指标体系，为随后物元模糊理论的应用与改进奠定基础。层次分析法（Analytic Hierarchy Process，AHP）是在多目标、多判据的系统选优排序中广泛应用的方法。根据层次分析法，可将风险因素进行分组，以形成不同层次，其中，上级层次支配下级层次。

6.4.1 指标集的建立

Ruberg（1976）认为 IPO 定价不仅与公司自身的运营情况有关，还和宏观经济、行业发展等因素具有显著关联。IPO 的价格一方面取决于企业内在价值，另一方面又要受到资本市场股票供给和需求等外部因素的间接影响。Wilhelm（1990）则直接把影响新股定价的因素分为内部因素和外部因素两个部分，内部因素包括公司基本面的情况，外部因素则包括宏观经济、行业发展以及制度因素等。赵冬梅（2013）也通过研究认为，IPO 发行价格的确定不仅要考虑公司内在价值，还应该考虑外部环境，即新股发行数量、市场状况以及所属行业等。在西方成熟的股票市场上，影响 IPO 定价的因素应该是企业的盈利能力、偿债能力、成长性等反映财务状况的指标，以及行业前景等外部因素。海鑫（2004）通过实证分析得出公司的财务状况、盈利水平以及资产收益率等直接反映企业自身价值的因素对股票发行定价有重大影响。因此，本章在运用层次分析法的基础上提出创业板 IPO 定价指标体系，首先将 IPO 定价影响因素分为财务指标和非财务指标，其中财务指标指能够从企业财务状况直接反映企业内在价值的评价指标，而非财务指标则是能够间接反映企业内在价值因素和外部资本市场因素的相关指标。

在财务指标中，邓婕（2014）认为在企业 IPO 定价过程中，投资者最关注的是公司未来获取收益的能力，即未来收益的贴现值，而能够反映企业内在价值的财务指标很多，包括盈利能力，增长能力以及资本结构等。朱锦超（2011）通过实证研究分析，得到创业板市场的上市企业的盈利能力指标和成长性指标对于创业板公司价值的影响最为重要。朱锦超（2011）在原有的研究基础上，选取了营业收入增长率和净利润增长率两个指标，通过进行实证分析，深入分析了成长性指标对于 IPO 定价的影响。李程（2010）在具体研究中采取了实证研究方法，得出企业的净资产收益率、总资产收益率，以及每股收益等几项财务指标对于 IPO 新股的价格有非常明显的影响。郝丽娜（2010）重点选取了能够反映上市主体成长性的财务指标，如平均主营业务收入增长率等，分析对企业 IPO 定价的影响，通过研究表明，对 IPO 发行价格具有最高的影响程度的因素是代表企业发展空间的因素。刘春玲（2009）通过对相关文献进行大量整理，在借鉴国内外研究成果的基础上，着重分析了影响 IPO 定价的内部因素，选取总资产增长率、主营业务收入增长率、净利润增长率和净资产增长率等作为成长性指标。李华一（2005）通过研究发现中小企业盈利能力和经营能力等财务指标对于 IPO 发行定价有显著的影响。而黄鹏（2008）则在研究中发现，中小企业的 IPO 市盈率受到多种因素的影响，其中反映公司盈利能力的净资产收益率、反映企业抗风险能力的资产负债率和反映企业增长能力的净利润增长率等都对企业发行市盈率有重要的影响。

企业的内在价值可以用企业发行前的盈利性指标、成长性指标、风险性指标等财务指标进行衡量。林晨（2011）认为，在创业板上市的公司一开始往往规模较小，在很多方面都相对不成熟，从而在生产经营活动中通常也具有风险较高的特性。在评估企业的价值时必须考虑风险因素，因为公司的价值是变动的，且公司价值具有不确定性的特性在高风险状态下的表现会更加明显。衡量公司风险水平的一个重要因素是资产负债率，通常对企业未来抵抗风险的重要度量指标是企业的偿债能力，在具体实践中，一般情况下投资者发现拟进行投资的公司负债率偏高时，对于股票的价格也会要求有更高的风险溢价。而来小华（2011）则通过研究，得出了公司的偿债能力与公司 IPO 定价无明显的正或负相关关系，他认为对于 IPO 定价的影响，偿债能力指标在其中所起到的作用是风险与收益两方面的正负影响。然而赵冬梅（2013）通过对 IPO 价格驱动因素进行实证研究后，认为 IPO 定价作为公司内在价值的反映势必要受到企业偿债能力的影响，反映企业长期偿债能力的最主要财务指标则是资产负债率。公司偿债能力越高，风险就越小，公司获得的股权投资的成本就会越低，公司的价值也就会更大程度地提升。刘亮（2012）从投资者的角度出发，研究能够全面体现企业未来发展的各个因素时，选取了最具代表性的 11 个因素来衡量公司未来的发展状况，其中现实性决定因素中包含反映长期偿债能力和反映短期偿债能力两个方面，这两个方面的有效指标就是"资产负债率"和"速动比率"。陈悦（2011）在针对我国创业板 IPO 定价效率进行研究时，选用资产负债率、流动比率、速动比率等指标反映企业偿债能力进行了实证分析，对企业内在价值变量进行了因子分析。朱锦超（2011）在进行创业板 IPO 定价影响因素的实证分析时，研究中所选取的反映偿债能力的实证模型指标主要为资产负债率、速动比率和流动比率等。

有关 IPO 定价的影响因素，除了能够直接反映企业经营状况基本面的各项财务指标外，资本市场方面的因素也影响着企业 IPO 定价。陶冶（2003）认为，在新股发行中，承销商作为联系发行人和投资者的一道桥梁，声誉好坏也是最终影响发行价格的一个重要因素。而张新（2011）认为，承销商等级以及由经济周期影响的股票市场走势都是影响 IPO 定价的重要外部因素。陈鹏程和周孝华（2015）认为，新股发行时的市场条件和承销商自身的声誉是 IPO 定价的重要因素，二者会综合影响发行价格。白霄等（2017）考察了 IPO 中介的合谋，认为承销商—审计师的合作关系对

IPO 定价具有正相关关系。来小华（2011）考虑到新股发行定价受到证券交易市场总体走势影响，于是选取了发行日大盘股指均值作为市场波动指标，又考虑到创业板公司的一个重要特征是创新能力强，所以又选用了研发费用比例作为企业创新能力指标来研究影响企业 IPO 价格的因素。在资本市场因素方面，赵冬梅（2013）则认为资本市场波动以及企业所处行业特性及走势是影响企业 IPO 价格的重要外部因素。此外，邓婕（2014）则认为新股发行在一定程度上会受到投资者整体情形的影响，反映在二级市场中就是股票价格指数。而个股投资者情绪也是决定个股一、二级市场价格的重要因素，其中反映一级市场投资者情绪的指标有中签率、网上网下中签比等，反映二级市场投资者情绪的指标有上市首日换手率等。宋顺林和唐斯圆（2016）认为，IPO 定价与投资者情绪和承销商行为有关，研究发现，投资者情绪越高，询价阶段的机构投资者报价越高，且承销商在机构报价的基础上进一步上调了发行价。周孝华和陈鹏程（2017）也认为，投资者情绪是重要的外部影响因素，基于询价制研究投资者情绪对 IPO 价格形成机制，发现在投资者过度乐观情绪下，高发行价与抑价并存，IPO 长期表现弱势。李聃和冯扬（2016）选取了 2014—2015 年的 IPO 公司作为样本，发现营业收入增长率、净利润增长率、利润总额增长率的成长性指标对 IPO 定价具有显著影响。

在总结以上研究成果的基础上，本章根据评估指标体系构建的科学性、全面性、可行性、可比性、层次性、稳定性原则，将创业板 IPO 定价体系分为企业财务指标与资本市场因素两大类。其中，影响创业板 IPO 定价的财务指标分为盈利性指标、成长性指标和风险性指标三类，将创业板 IPO 定价指标体系的财务指标部分（U）划分为 3 个层次的指标集：盈利性、成长性与风险性，即 $U = \{U_1, U_2, U_3\}$，满足 $U_m \cap U_n = \emptyset$，$m \neq n$（即需要满足同层指标间的独立性条件）；$U_1 = \{U_{11}, U_{12}, U_{13}\}$，$U_2 = \{U_{21}, U_{22}, U_{23}, U_{24}\}$，$U_3 = \{U_{31}, U_{32}, U_{33}\}$，且满足 $U_{im} \cap U_{in} = \emptyset$，$m \neq n$（如图 6-1 所示）。盈利性指标包括总资产净利率（ROA）、净资产收益率（ROE）、净利润增长率；成长性指标包括总资产增长率、所有者权益增长率、营业收入增长率、现金净流量增长率；风险性指标则包括总资产净利率波动、营业收入增长率波动、净利润增长率波动以及资产负债率。而资本市场因素则包括行业相对走势、创业板指走势、创业板指波动、创业板成交量以及投资者情绪五个指标。

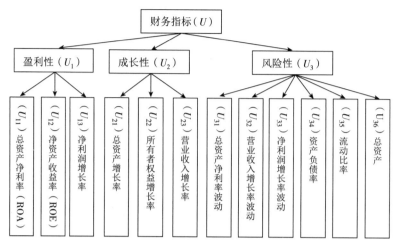

图 6-1 创业板 IPO 定价财务指标体系

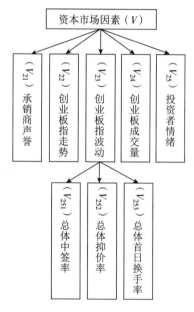

图 6-2 创业板 IPO 定价资本市场指标体系

"财务指标"评估基准：以评估对象公司 IPO 之前三年每个指标的数值（平均值）在其所在子行业（证监会行业分类二级行业）中排序的统计分位数作为评估基准。其中，"承销商声誉"指标评估以评估对象企业 IPO 承销商年度承销业务收入在其所在子行业承销商（中证行业分类二级行业）中排序的统计分位数作为评估基准。

而"创业板指走势/波动"与"创业板成交量"则以 IPO 一个月的平均数据与前三年平均数据的比值为基准;"总体中签率""总体抑价率"与"总体首日换手率"则分别以创业板近一个月以来所有 IPO 的总体情况与近三年的平均数据比值为基准。

6.4.2 等级集合与隶属度函数

(1)建立权重集(评判矩阵 ω_k)

通过聘请适当数量的专家,分别对隶属于同一指标的 n 个同层子指标的两两相对重要程度进行评判,确定各子指标的权重,并将专家 k 的评判结果记入权重评判矩阵。

$$\omega_k = \begin{bmatrix} \omega_{k11} & \omega_{k12} & \cdots & \omega_{k1n} \\ \omega_{k21} & \omega_{k22} & \cdots & \omega_{k2n} \\ \vdots & \vdots & \cdots & \vdots \\ \omega_{kn1} & \omega_{kn2} & \cdots & \omega_{knn} \end{bmatrix} \tag{6.7}$$

其中,ω_{kij} 是专家 k 对 i、j 两个子指标相对重要程度的评判值。在这里,我们采用 1~9 比率标度进行评判(见表 6-1)。例如,如果专家认为盈利性(U_1)相对于成长性(U_2)是明显重要的,就在问卷中的 ω_{k12} 处填入 7,如果专家认为后者相对于前者介于绝对重要与明显重要之间,就在问卷中的 ω_{k12} 处填入 1/8。

表 6-1 权重矩阵比率标度表

比率标度	相对重要程度 ω_{kij}	比率标度	相对重要程度 ω_{kij}
1	i 与 j 同样重要	1	j 与 i 同样重要
3	i 比 j 略微重要	1/3	j 比 i 略微重要
5	i 比 j 重要	1/5	j 比 i 重要
7	i 比 j 明显重要	1/7	j 比 i 明显重要
9	i 比 j 绝对重要	1/9	j 比 i 绝对重要
2,4,6,8	介于两相邻重要度间	1/2,1/4,1/6,1/8	介于两相邻重要度间

(2)建立模糊评判集 α

在主观指标中,需要聘请适量专家针对各指标进行程度评判。在一般的层次分析和物元模糊分析模型实证研究中,在确定了指标体系的各层次权重之后,还需邀请专家针对各指标做一个简单的主观评判,即在评判集中选定一个评判标度。这种方法的优点是能够将不少只能定性分析的问题有效地定量化，这虽然解决了创业板 IPO 定价问题中所涉及异质性与非标准性问题，但同时也存在着主观性较强的缺点。如果直接应用到创业板 IPO 定价中，借鉴性有限。在本章中，我们针对创业板 IPO 定价的特性，在现有物元模糊综合评判法的基础上，创新性地建立一个客观数据的模糊评判集，有效地反映创业板市场及其 IPO 企业的具体情况，降低评价模型的主观性，力求为创业板 IPO 定价提供一个有效的参考依据。

首先，我们参照现有的物元模糊分析模型引入模糊评判集：

$$\alpha = \{\alpha_1, \alpha_2, \alpha_3, \alpha_4, \alpha_5\} = \{I, II, III, IV, V\} \qquad (6.8)$$

各标度值具体含义见表 6-2。在现有方法中，需要邀请专家针对各指标做出主观评判。为了降低主观性，我们将定义一种利用创业板 IPO 企业财务数据以及资本市场数据作为评判依据的模糊评判集。具体来说，可以用评价对象所在的一个可比集合内（本章中选用 IPO 企业所在创业板二级行业的所有企业），将集合内其他个体的相同指标进行排序，并取出相应的分位数 $P = \{p_I, p_{II}, p_{III}, p_{IV}, p_V\} = \{10\%, 20\%, 30\%, 40\%, 50\%\}$ 所对应数值 Y_{pi}, $i = \{I, II, III, IV, V\}$，作为各标度的客观化、数据化定义。在本模型中，我们具体采用表 6-2 中的方法。

表 6-2　分位值

标度	程度描述	分位值 Y_{pi}
I	差	$Y_{10\%}$
II	较差	$Y_{30\%}$
III	中等	$Y_{50\%}$
IV	较优	$Y_{70\%}$
V	优	$Y_{90\%}$

（3）模糊隶属度函数的定义

隶属度函数（membership function）是模糊数学中用于表征模糊集合的一种函数，在应用中可以理解为隶属于某个属性的程度。隶属度函数的形式众多，本章将建立一种拥有较好几何性质的非线性隶属度函数，以更好地解决数据的非线性化特征。

定义 μ_i 为评价指标隶属于标度 i 的隶属度，当 Y_{pi} 与 Y_{pi+1} 同号时（即同时大于 0 或小于 0, $Y_{pi} \cdot Y_{pi+1} \geq 0$），该隶属度函数形式如下：

$$\mu_1 = \begin{cases} 1, & X \leqslant Y_{p\,\mathrm{I}} \\ S_1/(S_1 + 1), & Y_{p\,\mathrm{I}} < X < X_{p\,\mathrm{II}} \\ 0, & X \geqslant Y_{p\,\mathrm{II}} \end{cases}$$

$$\mu_i = \begin{cases} 1/(S_{i-1} + 1), & Y_{pi-1} < X \leqslant Y_{pi} \\ S_j/(S_j + 1), & Y_{pi} \leqslant X < Y_{pi+1}, \ i = \{\mathrm{II}, \mathrm{III}, \mathrm{IV}\} \\ 0, & X \leqslant Y_{pi-1} \ or \ X \geqslant Y_{pi+1} \end{cases} \qquad (6.9)$$

$$\mu_{\mathrm{V}} = \begin{cases} 1, & X \geqslant Y_{p\,\mathrm{V}} \\ 1/(S_{\mathrm{IV}} + 1), & Y_{p\,\mathrm{IV}} < X < Y_{p\,\mathrm{V}} \\ 0, & X \leqslant Y_{p\,\mathrm{V}} \end{cases}$$

其中，

$$S_i = (Y_{pi+1}/X - 1)(X/Y_{pi} - 1) \qquad (6.10)$$

当 Y_{pi} 与 Y_{pi+1} 异号时（即 $Y_{pi} \cdot Y_{pi+1} < 0$ 时），上述隶属度函数的定义会出现问题，此时采用常见的线性隶属函数替代：

$$\mu_1 = \begin{cases} 1, & X \leqslant Y_{p\,\mathrm{I}} \\ (Y_{p2} - X)/(Y_{p2} - Y_{p\,\mathrm{I}}), & S_1 < X < Y_{p2} \\ 0, & X \geqslant Y_{p2} \end{cases}$$

$$\mu_i = \begin{cases} (X - Y_{pi-1})/(Y_{pi} - Y_{pi-1}), & Y_{pi-1} < X \leqslant Y_{pi} \\ (Y_{pi+1} - X)/(Y_{pi+1} - Y_{pi}), & Y_{pi} \leqslant X < Y_{pi+1} \\ 0, & X \leqslant Y_{pi-1}, \ X \geqslant Y_{pi+1} \end{cases}$$

$$\mu_5 = \begin{cases} 1, & X \geqslant Y_{p5} \\ (X - Y_{p4})/(Y_{p5} - Y_{p4}), & S_4 < X < Y_{p5} \\ 0, & X \leqslant Y_{p4} \end{cases} \qquad (6.11)$$

6.5　创业板 IPO 定价模型的实例演示

6.5.1　评估体系指标权重集的确定

在创业板市场中，软件和信息技术服务业作为新兴高技术产业，公司未来不确定性高、影响因素复杂、估值较为困难复杂，在创业板市场中具有较好的代表性，因此我们挑选了集中于 2012 年 3 月下半月 IPO 的 4 家企业：300297（蓝盾股份）、300300（汉鼎股份）、300299（富春通信）和

300302（同有科技）作为案例，对上文中构建的客观物元模糊评判模型进行实例演示。

邀请了六位熟悉 IPO 理论、财务管理理论以及创业企业理论的专家，以调查问卷的形式，分别对隶属于同一指标的同层子指标相对重要程度进行评判，并将专家 k 的评判结果记入权重评判矩阵 ω_k 中（见表6-3）。

表6-3　平均随机一致性指标 $R.I.$

维数 n	1	2	3	4	5	6	7	8	9	10	11
$R.I.$	0.00	0.00	0.58	0.90	1.12	1.24	1.32	1.41	1.45	1.49	1.51

我们首先计算隶属于一级指标"财务指标 U"的三个子指标 U_1、U_2、U_3 的权重向量 $R_\omega(U)$。可得到：

$$
\omega_1 = \begin{Bmatrix} 1 & 1 & 5 \\ 1 & 1 & 4 \\ 1/5 & 1/4 & 1 \end{Bmatrix}
\omega_2 = \begin{Bmatrix} 1 & 1/3 & 5 \\ 3 & 1 & 6 \\ 1/5 & 1/6 & 1 \end{Bmatrix}
\omega_3 = \begin{Bmatrix} 1 & 1/7 & 3 \\ 7 & 1 & 9 \\ 1/3 & 1/9 & 1 \end{Bmatrix}
$$

$$
\omega_4 = \begin{Bmatrix} 1 & 1 & 3 \\ 1 & 1 & 3 \\ 1/3 & 1/3 & 1 \end{Bmatrix}
\omega_5 = \begin{Bmatrix} 1 & 1/6 & 5 \\ 6 & 1 & 9 \\ 1/5 & 1/9 & 1 \end{Bmatrix}
\omega_6 = \begin{Bmatrix} 1 & 1/4 & 4 \\ 4 & 1 & 7 \\ 1/4 & 1/7 & 1 \end{Bmatrix}
$$

$$\tag{6.12}$$

6.5.2　评判矩阵的一致性检验

一致性检验方法是剔除无效评判矩阵的一个重要工具，能使评估模型的实际操作更加科学合理。作为一种特殊情况，如果某位专家认为指标 U_1 比 U_2 重要，且 U_2 比 U_3 重要，那么也应认为 U_1 比 U_3 重要；否则，就可认为该专家的评判不具备一致性，这样的评判是无效的。

由矩阵理论可知，具备完全一致性的评判矩阵 ω_k 应满足：

$$\lambda_{\max} = n \tag{6.13}$$

其中，$\lambda_{\max}$ 是 ω_k 绝对值最大的特征值，n 是 ω_k 的维数。

在实际操作中要求评判矩阵严格满足式（6.13）是不可行的。因此退而要求评判矩阵具备一定的一致性即可，对其一致性要求也转化为：只要 ω_k 绝对值最大的特征值 $\lambda_{\max}$ 与其维数 n 相差不大，我们即认为其不一致性程度是可以接受的。没有达到这一要求的评判矩阵 ω_k 则被认为是无效的。

我们以 ω_1 为例来说明一致性检验的具体方法。

首先求得 ω_1 绝对值最大的特征值 $\lambda_{\max} = 3.055$，代入公式：

$$C.I. = \frac{\lambda_{max} - n}{n - 1} \qquad (6.14)$$

求得 $C.I. = 0.0275$。

由随机一致性比率公式

$$C.R. = \frac{C.I.}{R.I.} \qquad (6.15)$$

得到 $C.R. = 0.0474 < 0.1$。

其中，$R.I.$ 是平均随机一致性指标，可根据表 6-3 查得：当维数 $n = 3$ 时，$R.I. = 0.58$。一般地，只要满足 $C.R. < 0.1$，即可认为评判矩阵满足一致性条件。

同理可得另外几位专家评判矩阵的最大特征值分别为 3.080，3.094，3.000，3.108，3.076；$C.R.$ 值分别为 0.069，0.081，0，0.0655，0.0929。这表明所有专家的判断矩阵可以通过一致性检验，这说明权重值分配是合理的。

一般地，只要满足 $C.R. < 0.1$，即可认为评判矩阵满足一致性条件。

6.5.3 权重评判矩阵的运算

首先处理专家 1 的权重评判矩阵 ω_1，根据求取 ω_k（$k = 1，\cdots，6$）中各行元素的几何平均数的公式：

$$\beta_{ki} = n\sqrt{\prod_j w_{kij}} \qquad (6.16)$$

可以求得 ω_1 中各行元素乘积的 $1/n$ 次方数值如下（其实际意义是反映各指标的重要程度）：

$$\beta_{11} = (^1 \times 1 \times 5)\ 1/3 = 1.710$$

$$\beta_{12} = (^1 \times 1 \times 4)\ 1/3 = 1.587$$

$$\beta_{13} = (^x \times 1)\ 1/3 = 0.368$$

再根据专家 k 的权重评判向量公式：

$$C_{ki} = \frac{\beta_{ki}}{\sum_i \beta_{ki}}(i = 1，\cdots，m) \qquad (6.17)$$

得到专家 1 的权重评判向量：

$$C_{1i} = \frac{\beta_{1i}}{\sum_i \beta_{1i}}(i = 1，2，3)$$

$$\Rightarrow C_1 = (0.467 \quad 0.433 \quad 0.100)$$

同样地，我们可分别计算出 $C_i(i = 2, \cdots, 6)$，进而得到由其组成的复合物元权重矩阵：

$$R = \begin{array}{c} \\ C_1 \\ C_2 \\ C_3 \\ C_4 \\ C_5 \\ C_6 \end{array}\begin{pmatrix} U_1 & U_2 & U_3 \\ 0.467 & 0.433 & 0.100 \\ 0.149 & 0.785 & 0.066 \\ 0.287 & 0.635 & 0.078 \\ 0.429 & 0.429 & 0.142 \\ 0.189 & 0.758 & 0.053 \\ 0.229 & 0.696 & 0.075 \end{pmatrix}$$

在此基础上，由式（6.2），可求得标准物元向量：

$$R_{oj} = (0.268 \quad 0.605 \quad 0.081)$$

由式（6.3），可求得节域物元向量：

$$R_{pj} = [(0.149, 0.467) \quad (0.429, 0.785) \quad (0.053, 0.142)]$$

进而依据式（6.4），可由权重矩阵 R、标准物元向量 R_{oj}、与节域物元向量 R_{pj} 求得关联物元矩阵：

$$R_o(U_{11}) = \begin{pmatrix} 1 & 0.977 & 0.311 \\ 1 & 1 & 0.536 \\ 0.095 & 0.167 & 0.107 \\ 0.809 & 1 & 1 \\ 0.663 & 0.850 & 1 \\ 0.328 & 0.506 & 0.214 \end{pmatrix}$$

再由式（6.5）求出：

$k_1 = 2.288$，$k_2 = 2.536$，$k_3 = 0.369$，$k_4 = 2.809$，$k_5 = 2.513$，$k_6 = 1.048$

并得出专家效度向量：

$$R_v = (0.091 \quad 0.075 \quad 0.512 \quad 0.067 \quad 0.075 \quad 0.180)$$

最后，由式（6.6）得出隶属于一级指标：

U 的三个子指标 U_1、U_2、U_3 经过物元分析方法修正后的最终权重向量：

$$R_\omega(U) = R_v \times R = (0.285 \quad 0.634 \quad 0.081)$$

同理，根据 6 位专家对其他指标给出的权重矩阵，在进行一致性检验后进行计算，分别计算出修正后权重向量 $R_\omega(U_1)$、$R_\omega(U_2)$、$R_\omega(U_3)$，得到 U 的因素集权重集（见表 6-4）。

表 6-4 U 的因素集权重集

一级指标	二级指标	权重	三级指标	权重
财务指标 0.771	U_1 盈利性	0.285	U_{11} 总资产净利率（ROA）	0.282
			U_{12} 净资产收益率（ROE）	0.296
			U_{13} 净利润增长率	0.422
	U_2 成长性	0.634	U_{21} 总资产增长率	0.095
			U_{22} 所有者权益增长率	0.548
			U_{23} 营业收入增长率	0.357
	U_3 风险性	0.081	U_{31} 总资产净利率波动	0.074
			U_{32} 营业收入增长率波动	0.339
			U_{33} 净利润增长率波动	0.268
			U_{34} 资产负债率	0.123
			U_{35} 流动比率	0.057
			U_{36} 总资产	0.139

同样地，我们可以依据模型得出资本市场因素指标的权重集（见表 6-5）：

表 6-5 资本市场因素指标的权重集

一级指标	二级指标	权重	三级指标	权重
V 资本市场因素	V_1 承销商声誉	0.174	—	—
	V_2 创业板指走势	0.290	—	—
	V_3 创业板指波动	0.129	—	—
	V_4 创业板成交量	0.120	—	—
	V_5 投资者情绪	0.287	V_{51} 总体中签率	0.381
			V_{52} 总体抑价率	0.469
			V_{53} 总体首日换手率	0.149

6.5.4 客观评判结果的模糊化方法

参照前文"等级集合与隶属度函数"中介绍的方法，可以求得各指标的分位值 Y_{P_i}（见表 6-6）。其中需要特别注意的是，部分特殊指标（如各种波动性与资产负债率、中签率）的优良性与数值大小呈反向关系，故而求取分位值时排序需要做反向处理。

表 6-6　各指标分位值

		评判指标	$Y_{10\%}$	$Y_{30\%}$	$Y_{50\%}$	$Y_{70\%}$	$Y_{90\%}$
财务指标	U_1 盈利性	U_{11} 总资产净利率（ROA）	7.80	11.58	14.71	20.46	26.70
		U_{12} 净资产收益率（ROE）	12.12	16.41	21.61	28.50	38.12
		U_{13} 净利润增长率	−0.23	21.66	35.58	46.77	64.45
	U_2 成长性	U_{21} 总资产增长率	54.44	68.37	77.61	96.07	118.78
		U_{22} 所有者权益增长率	74.20	84.15	102.23	122.31	141.20
		U_{23} 营业收入增长率	16.52	23.38	31.39	40.14	48.45
	U_3 风险性	U_{31} 总资产净利率波动	14.97	8.00	5.55	3.49	0.92
		U_{32} 净利润增长率波动	52.13	29.97	22.04	12.96	8.16
		U_{33} 营业收入增长率波动	29.85	19.92	13.35	7.79	3.39
		U_{34} 流动比率	2.13	5.29	8.10	12.79	31.25
		U_{35} 资产负债率	39.84	16.91	11.57	7.20	3.20
		U_{36} 总资产	3.87	6.74	8.21	10.35	15.02
资本市场指标		承销商声誉	0.16	0.52	2.26	2.69	4.65
		V_{22} 创业板指走势	−12.50	−8.10	−1.69	6.08	12.32
		V_{23} 创业板指波动	3.10	1.91	1.78	1.61	1.38
		V_{24} 创业板成交量	0.92	1.15	1.32	1.76	2.60
	V_{25} 投资者情绪	V_{251} 总体中签率	2.54	1.20	0.74	0.55	0.39
		V_{252} 总体抑价率	−4.30	11.20	22.89	40.81	65.86
		V_{253} 总体首日换手率	33.16	70.39	79.60	86.15	90.16

6.5.5　多层次综合模糊评判步骤

（1）首先根据表 6-6 中的各个分位值 Y_{P_i} 与相应隶属度函数，得到四个 IPO 企业财务指标与资本市场指标各项最低级指标的模糊评判值，其结果如表 6-7 所示。

表 6-7　各 IPO 企业财务指标的模糊评判值

IPO 企业评判指标		300297（蓝盾股份）					300300（汉鼎股份）				
		实际值	模糊隶属度				实际值	模糊隶属度			
U_1 盈利性	U_{11} 总资产净利率（ROA）	15.50	0.00	0.00	0.86	0.14	0.00	16.27	0.00	0.00	0.71	0.29	0.00
	U_{12} 净资产收益率（ROE）	19.84	0.00	0.30	0.70	0.00	0.00	24.98	0.00	0.00	0.47	0.53	0.00
	U_{13} 净利润增长率	41.62	0.00	0.00	0.42	0.58	0.00	108.96	0.00	0.00	0.00	0.00	1.00

续表

IPO 企业评判指标		300297（蓝盾股份）						300300（汉鼎股份）					
		实际值	模糊隶属度					实际值	模糊隶属度				
U_2 成长性	U_{21} 总资产增长率	50.08	1.00	0.00	0.00	0.00	0.00	41.20	1.00	0.00	0.00	0.00	0.00
	U_{22} 所有者权益增长率	41.07	1.00	0.00	0.00	0.00	0.00	49.25	1.00	0.00	0.00	0.00	0.00
	U_{23} 营业收入增长率	50.32	0.00	0.00	0.00	0.00	1.00	70.08	0.00	0.00	0.00	0.00	1.00
U_3 风险性	U_{31} 总资产净利率波动	1.09	0.00	0.00	0.00	0.08	0.92	3.97	0.00	0.00	0.00	0.26	0.74
	U_{32} 净利润增长率波动	15.18	0.00	0.00	0.00	0.27	0.73	39.90	0.52	0.48	0.00	0.00	0.00
	U_{33} 营业收入增长率波动	12.50	0.00	0.00	0.90	0.10	0.00	17.56	0.00	0.00	0.70	0.30	0.00
	U_{34} 流动比率	2.10	1.00	0.00	0.00	0.00	0.00	2.13	1.00	0.00	0.00	0.00	0.00
	U_{35} 资产负债率	37.70	0.96	0.04	0.00	0.00	0.00	42.31	1.00	0.00	0.00	0.00	0.00
	U_{36} 总资产	3.99	0.96	0.04	0.00	0.00	0.00	3.25	1.00	0.00	0.00	0.00	0.00

IPO 企业评判指标		300299（富春通信）						300302（同有科技）					
		实际值	模糊隶属度					实际值	模糊隶属度				
U_1 盈利性	U_{11} 总资产净利率（ROA）	27.18	0.00	0.00	0.00	0.00	1.00	18.45	0.00	0.00	0.30	0.70	0.00
	U_{12} 净资产收益率（ROE）	42.39	0.00	0.00	0.00	0.00	1.00	32.33	0.00	0.00	0.00	0.57	0.43
	U_{13} 净利润增长率	45.68	0.00	0.00	0.00	0.08	0.92	95.13	0.00	0.00	0.00	0.00	1.00
U_2 成长性	U_{21} 总资产增长率	82.48	0.00	0.00	0.72	0.28	0.00	36.53	1.00	0.00	0.00	0.00	0.00
	U_{22} 所有者权益增长率	76.31	0.78	0.22	0.00	0.00	0.00	63.01	1.00	0.00	0.00	0.00	0.00
	U_{23} 营业收入增长率	44.98	0.00	0.00	0.00	0.39	0.61	27.77	0.00	0.00	0.00	0.41	0.59
U_3 风险性	U_{31} 总资产净利率波动	6.03	0.00	0.00	0.21	0.79	0.00	3.66	0.00	0.00	0.09	0.91	0.00
	U_{32} 净利润增长率波动	32.39	0.12	0.88	0.00	0.00	0.00	51.45	0.98	0.02	0.00	0.00	0.00
	U_{33} 营业收入增长率波动	16.32	0.00	0.00	0.50	0.50	0.00	11.57	0.00	0.00	0.76	0.24	0.00
	U_{34} 流动比率	2.80	0.74	0.26	0.00	0.00	0.00	3.76	0.35	0.65	0.00	0.00	0.00
	U_{35} 资产负债率	32.40	0.80	0.20	0.00	0.00	0.00	29.37	0.67	0.33	0.00	0.00	0.00
	U_{36} 总资产	2.02	1.00	0.00	0.00	0.00	0.00	2.33	1.00	0.00	0.00	0.00	0.00

表 6-8　各资本市场指标的模糊评判值

评判指标		实际值	模糊隶属度				
V_{21} 承销商声誉	300297（蓝盾股份）	2.40	0.00	0.00	0.66	0.34	0.00
	300300（汉鼎股份）	4.65	0.00	0.00	0.00	0.00	1.00
	300299（富春通信）	0.50	0.02	0.98	0.00	0.00	0.00
	300302（同有科技）	3.38	0.00	0.00	0.00	0.59	0.41
V_{22} 创业板指走势		5.59	0.00	0.00	0.06	0.94	0.00
V_{23} 创业板指波动		1.65	0.00	0.00	0.24	0.76	0.00
V_{24} 创业板成交量		2.67	0.00	0.00	0.00	0.00	1.00

续表

评判指标		实际值	模糊隶属度				
V_{25}投资者情绪	V_{251}总体中签率	1.09	0.00	0.82	0.18	0.00	0.00
	V_{252}总体抑价率	56.60	0.00	0.00	0.00	0.30	0.70
	V_{253}总体首日换手率	79.54	0.00	0.01	0.99	0.00	0.00

（2）求取高级指标的模糊评判值。根据表6-7中最低级指标的模糊评判值，可以通过式（6.12）求取高级指标的模糊评判值。下面我们以蓝盾股份 U_1、U_2 和 U_3 的几个子指标模糊评判值为例，对高级指标模糊评判值求取方法进行演示。

首先从表6-7中截取隶属于 U_1、U_2 和 U_3 的几个子指标模糊评判值，分别建立如下指标模糊隶属度评判矩阵：

$$C_{U_1} = \begin{pmatrix} \Psi_{U_{11}} \\ \Psi_{U_{12}} \\ \Psi_{U_{13}} \end{pmatrix} = \begin{pmatrix} 0.00 & 0.00 & 0.86 & 0.14 & 0.00 \\ 0.00 & 0.30 & 0.70 & 0.00 & 0.00 \\ 0.00 & 0.00 & 0.42 & 0.58 & 0.00 \end{pmatrix}$$

$$C_{U_2} = \begin{pmatrix} \Psi_{U_{21}} \\ \Psi_{U_{22}} \\ \Psi_{U_{23}} \end{pmatrix} = \begin{pmatrix} 1.00 & 0.00 & 0.00 & 0.00 & 0.00 \\ 1.00 & 0.00 & 0.00 & 0.00 & 0.00 \\ 0.00 & 0.00 & 0.00 & 0.00 & 1.00 \end{pmatrix}$$

$$C_{U_3} = \begin{pmatrix} \Psi_{U_{31}} \\ \Psi_{U_{32}} \\ \Psi_{U_{33}} \\ \Psi_{U_{34}} \\ \Psi_{U_{35}} \\ \Psi_{U_{36}} \end{pmatrix} = \begin{pmatrix} 0.00 & 0.00 & 0.00 & 0.08 & 0.92 \\ 0.00 & 0.00 & 0.27 & 0.73 & 0.00 \\ 0.00 & 0.00 & 0.90 & 0.10 & 0.00 \\ 0.96 & 0.04 & 0.00 & 0.00 & 0.00 \\ 1.00 & 0.00 & 0.00 & 0.00 & 0.00 \\ 0.96 & 0.04 & 0.00 & 0.00 & 0.00 \end{pmatrix}$$

并依据如下公式分别得出 U_1、U_2 与 U_3 的模糊隶属度评判向量：

$$\Psi_{U_1} = R_\omega(U_1) \times C_{U_1} = (0.00 \quad 0.09 \quad 0.63 \quad 0.28 \quad 0.00)$$

$$\Psi_{U_2} = R_\omega(U_2) \times C_{U_2} = (0.64 \quad 0.00 \quad 0.00 \quad 0.00 \quad 0.36)$$

$$\Psi_{U_3} = R_\omega(U_3) \times C_{U_3} = (0.31 \quad 0.01 \quad 0.33 \quad 0.28 \quad 0.07)$$

由此得到蓝盾股份上级（一级）指标财务指标（U）的隶属度评判矩阵：

$$C_U = \begin{pmatrix} \Psi_{U_1} \\ \Psi_{U_2} \\ \Psi_{U_3} \end{pmatrix} = \begin{pmatrix} 0.00 & 0.09 & 0.63 & 0.28 & 0.00 \\ 0.64 & 0.00 & 0.00 & 0.00 & 0.36 \\ 0.31 & 0.01 & 0.33 & 0.28 & 0.07 \end{pmatrix}$$

表 6-9　（二级指标）模糊隶属度评判结果

二级指标	隶属度	Ⅰ差	Ⅱ较差	Ⅲ中等	Ⅳ较优	Ⅴ优
U_1 盈利性	Ψ_{U_1}	0.00	0.09	0.63	0.28	0.00
U_2 成长性	Ψ_{U_2}	0.64	0.00	0.00	0.00	0.36
U_3 风险性	Ψ_{U_3}	0.31	0.01	0.33	0.28	0.07

最后，得到蓝盾股份财务指标 U 的隶属度评判向量。

$$\Psi_U = R_\omega(U) \times C_U = (0.43 \quad 0.03 \quad 0.21 \quad 0.10 \quad 0.23)$$

其意义与上面对 $\Psi_{U_{11}}$ 的解释相似，这说明蓝盾股份的财务指标优劣性评价存在较大的离散性。

同样地，我们可对蓝盾股份"资本市场指标（V）"进行评估（过程略去），得到 $\Psi_V = R_\omega(V) \times C_V = (0.00 \quad 0.08 \quad 0.23 \quad 0.46 \quad 0.22)$。

这说明蓝盾股份资本市场指标（上市时机）总体较优。最后，我们在财务指标与资本市场指标的基础上得到对蓝盾股份最终的总评价。

表 6-10　（一级指标与总评价）专家模糊隶属度评判计算结果统计表

一级指标	隶属度	Ⅰ差	Ⅱ较差	Ⅲ中等	Ⅳ较优	Ⅴ优
U 财务指标	Ψ_U	0.43	0.03	0.21	0.10	0.23
V 资本市场指标	Ψ_V	0.00	0.08	0.23	0.46	0.22
总评价	$\Psi_{U \oplus V}$	9.30	1.30	7.71	8.28	12.70

截至 2012 年 3 月 14 日收盘时，创业板软件与信息技术行业已上市的所有企业市盈率分位数值 $PE_M = (PE_{10\%}, PE_{30\%}, PE_{50\%}, PE_{70\%}, PE_{90\%}) = (27.89, 32.97, 36.38, 44.41, 55.48)$。

将总评价的隶属度向量与行业市盈率分位数向量的转置相乘，即可得到蓝盾股份 IPO 定价的合理市盈率中值为：

$$pe = \Psi_{U \oplus V} \cdot PE_M^T = 39.28$$

其中，$PE_M{}^T$ 为向量 PE_M 的转置。

其对应的 IPO 定价合理中值可由以下公式简单得出：

$$p = pe \times pro/cap = 20.97$$

其中，*pro* 为 IPO 上年的总利润，*cap* 为新股发行后的公司总股本。

值得我们注意的是，由于模型得出的 *pe* 值仅为合理市盈率中值，所以如果总评价的隶属度向量 $\Psi_{U \oplus V}$ 在各程度上较为集中，那么该定价结果具有较大确定性，反之则具有较大不确定性。所以我们把隶属度标准差 σ 考虑到模型中，并将最终的发行价区间定义为

$$[\, p \times (1-\sigma),\ p \times (1+\sigma)\,]$$

如此，可得到蓝盾股份 IPO 定价的参考区间为 [18.98，22.96]。

通过类似的计算，我们可以得到表 6-11 和表 6-12：

表 6-11　IPO 定价模型估计结果

IPO 企业	模型定价参考中值	隶属度标准差	模型定价参考区间
300297（蓝盾股份）	20.97	0.094678	[18.98，22.96]
300300（汉鼎股份）	24.87	0.128208	[21.68，28.06]
300299（富春通信）	22.09	0.07576	[20.41，23.76]
300302（同有科技）	26.51	0.083759	[24.29，28.73]

新股上市首日收盘价是公允的二级市场基准价格，也是抑价率定义的基准。通过简单对比可以发现，除了蓝盾股份，其余三只股票上市首日收盘价属于本模型得到的定价参考区间。

表 6-12　IPO 定价实际数据

IPO 企业	真实发行价	上市首日收盘价	上市首日收盘价属于模型定价参考区间	真实抑价率	模型定价参考中值抑价率
300297（蓝盾股份）	16	30.98	否	93.63%	47.74%
300300（汉鼎股份）	18	22.35	是	24.17%	−10.13%
300299（富春通信）	16	23.36	是	46.00%	5.77%
300302（同有科技）	21	27.1	是	29.05%	2.23%

可以看到，基于本模型得出的发行参考价（中值）相较于实际发行价而言更加接近二级市场首日交易收盘价，具有更高的定价效率。然而，任何模型都难以完整地度量出创业板 IPO 定价中存在的所有不确定性，相对于参考发行价格中值，能够有效反映出这种不确定性的参考价格区间在实际发行定价过程中具有更大的实用价值，可以为创业板 IPO 定价提供有效的参考。

6.6 本章小结

我国创业板现有的 IPO 定价效率并不理想,新股发行与定价机制存在诸多有待完善与改进之处。由于创业板 IPO 定价是一个比主板定价更具异质性与非标准性的多指标、多层次、多属性并带有模糊性的复杂问题,而物元模糊综合评价模型在为处理目的与条件不相容的复杂信息而构建的物元分析方法基础上,结合可对带有模糊性问题定量分析的模糊数学,为创业板 IPO 定价问题提供了一种更能反映创业板 IPO 特性的有效分析框架。

本章节针对创业板企业 IPO 特性,创新性地将基于特定行业中已上市公司各指标分位数构建的客观评价方法,对现有的主观物元模糊综合评价模型进行改进,在保留该方法在分析多属性的复杂性、模糊性问题中独到定量分析方法的优势基础上,同时有效地克服了其主观性过强的缺陷从而得到一种兼具理论意义与实践价值的综合定价模型。在本章最后一部分,我们利用经过改进的客观物元综合评价模型,对创业板几家典型企业进行了实证分析,发现本模型得出的发行定价区间有助于降低 IPO 抑价率,从而为创业板 IPO 定价效率的提高,以及 IPO 定价模型的改进提供了一种有意义的参考。

不过主观性和客观性始终是一对难以兼得的"鱼"和"熊掌"。考虑到不同的创业板上市公司的异质性与特殊性,各指标的评价难以用有限的客观财务指标度量;另外,本模型中所使用的财务指标虽然具有标准性和权威性,但其终归属于历史数据,具有滞后性,如何改进模型才能更好地满足创业板 IPO 定价所需要的是"向前看"要求呢?上述两点不足,意味着评判时除了客观数据外,不得不恢复部分"主观评判因素",如可考虑在"盈利性""成长性""风险性"的评价当中分别设置"盈利性评价修正""成长性评价修正"与"风险性评价修正"三个综合指标,其评判需要请多位相关专家结合公司的具体情况综合考虑,以弥补财务评价指标的不足。创业板 IPO 定价模型中主客观因素进一步结合的模型化方法,是一个值得继续研究的改进方向。

7 研究结论与政策建议

7.1 研究结论

本书对中国创业板市场 IPO 股票的价格行为进行了研究，重点测度了 IPO 股票的短期价格表现（以上市首日的抑价程度）和长期价格表现，提出了一个更适合中国创业板 IPO 股票的发行定价模型。本书研究的主要结论如下：

（1）以上市首日的 IPO 抑价程度为标准，采取 SFA 方法测度了中国创业板 IPO 股票的短期价格行为。结果表明：从短期价格行为看，中国创业板市场的 IPO 表现出了更高的首日抑价，无论是相对于境内主板、中小板市场，还是与境外创业板 IPO 市场进行比较。

一级市场有效性的一个重要指标就是 IPO 发行定价效率，而 IPO 发行定价机制和发行定价模型对 IPO 定价效率又有着重要的影响。为了更好地判断 IPO 定价效率，研究分别选用了从短期和长期两个角度进行。

就短期而言，我们以 IPO 发行之后到首日上市交易这段时间内的股票价格变化作为对象，来分析 IPO 发行定价效率。

首先，在回顾多种 IPO 发行定价偏离—抑价现象—程度指标的基础上，基于 SFA 估计最优发行价与实际发行价之间的偏离，提出采用偏差值 U 而不是效率值 EFF 作为抑价程度的测量。

其次，基于前面提出的抑价程度指标，我们通过分别与国内的主板和中小板、境外的主板和中小板市场的比较可以发现，创业板市场的 IPO 存在显著的抑价现象，而这一现象在采用通常的抑价率指标进行衡量时并不明显。

在与部分境外市场的对比中，我们可以看到，国内创业板市场 IPO 的抑价程度也几乎都处于最高的位置，而且远高于境外资本市场，这可能与我国资本市场发展的时间、上市公司结构、投资者结构、市场运行机制和监管体制等因素密切相关。在研究中，我们还发现境外创业板的 IPO 抑价程度较其主板市场更低，这说明境外创业板市场的发行估值普遍达到了较优的状态。

（2）采用基于事件时间组合的 CAR 方法和基于日历时间组合的 BHAR 方法，我们构建组合中采用多种加权方式、长达 60 余个月的时间跨度，测度了中国创业板 IPO 后股票的长期价格行为。结果表明：创业板市场 IPO 股票未表现出长期价格弱势现象，相反，有更好的长期价格表现。

通过对我国创业板和主板、中小板更多样本、更长时间跨度的分析，验证了主板在 IPO 后 20~40 个月内存在新股弱势现象，但是，创业板却与此相反，存在显著的长期强势现象。创业板市场 IPO 后的股票表现为长期强势，一定程度上表明了我国创业板在 IPO 发行阶段的"定价"出现了系统性低估，而本书在前面相关章节采用基于 SFA 的抑价程度指标的分析中，也得出短期创业板与最优发行价之间存在较大偏离。与此相对的是，境外创业板市场的发行抑价程度却是最低的，这表明国内的创业板市场 IPO 发行定价还存在较大的改善空间。

（3）本书提出了一个基于物元模糊评价方法的创业板市场 IPO 发行定价方法，这一方法可以改进和提高创业板 IPO 股票的发行定价效率。

我国创业板市场的 IPO 定价效率并不十分理想，IPO 新股发行与定价机制还存在诸多有待完善与改进之处。由于创业板 IPO 定价是一个比主板定价更具异质性与非标准性的多指标、多层次、多属性并带有模糊性的复杂问题，为处理目的与条件不相容的复杂信息，物元模糊综合评价模型在构建物元分析方法基础上，结合可对带有模糊性问题进行定量分析的模糊数学，为创业板 IPO 定价问题提供了一种更加有效的分析框架。

7.2 政策建议

我国证券市场发展较晚，创业板市场要更晚一些。自建立以来，创业板市场为金融资源的合理配置和科技型、成长性中小企业的融资发挥了积极作用。与此同时，由于科技型、创新性企业具有成长性强但风险大等特点，如何提升创业板市场的风险定价能力，对于更好地发挥其应有的作用至关重要。本书通过对我国创业板市场短期发行抑价现象和长期价格行为的研究，针对如何进一步完善创业板市场的定价机制与提高定价效率，提出以下建议。

（一）完善新股发行定价制度表明，提高市场化定价能力

本书研究结果表明，我国主板和中小板市场都存在较为明显的新股发行长期弱势现象，但是，创业板市场却有明显不同，并无长期弱势现象，而是长期表现为强势现象，这与传统上国内外对于资本市场的研究结论不同。同时，国内创业板市场短期 IPO 抑价现象过高，这说明在放宽上市标准、吸引更加具有差异化的公司上市等方面还有很大的空间。目前，我国创业板上市公司整体的信息披露意识缺乏，相关企业的违约成本也不高，监管层加大上市审查力度本无可厚非。但是，新股定价制度市场化改革的基本方向不应该改变。那就是，要不断完善监管体制，发挥市场在资源配置中的决定性作用，吸引更多优质的创业创新型企业上市，通过竞争性的优胜劣汰机制来进一步提高创业板 IPO 的定价效率。此外，由于创业板上市公司主要是初具规模的科技型中小企业，通常存在市盈率较高的情况。为有效提升创业板市场的 IPO 发行定价效率，应逐步改变传统的定价模式，不能仅仅将市盈率作为重要的参考指标，而且应重点考虑拟上市企业的成长性和盈利能力，这样能够在更加准确和实际地衡量企业的真实价值的同时，也能满足投资者多样化的投资偏好需求，从而有效降低创业板 IPO 抑价水平，提升定价效率。与此同时，证券监管部门和券商等中介机构等应不断探索与完善现有的 IPO 定价机制与定价方法，选取更适合的 IPO 发行定价的参考指标，确定更为合理的发行价格，以降低创业板市场 IPO 抑价水平，提高新股定价效率。

（二）强化信息披露机制，提高市场透明度

本书研究发现，每股收益和每股净资产等反映公司内在价值的指标与创业板 IPO 定价效率有较强的相关性。虽然我国创业板上市公司主要是具有较好的发展潜力，并已经初具规模的科技型中小企业，但是，由于证券市场发展较晚，市场有效性相对较低，特别是信息的透明度不高，致使投资者对于上市公司的盈利能力和发展潜力无法准确地了解和判断。一段时期以来，创业板市场出现的过度狂热和跟风炒作的情况，大多是由于投资者信息不对称造成的。另外，对于承销商来说，因为投资者在申购过程中被冻结的资金能够带来巨大的利息收入，他们很可能会通过路演和销售等各种方式吸引大量的申购资金。如此，新股在申购中的中签率被人为压低，进而导致抑价率被抬高。所以，证券监管部门以及发行公司和承销机构等各方主体，应进一步规范新股发行的推介工作，加大与机构投资者和

广大中小投资者的沟通力度，增加信息透明度，并以此来提高新股发行的定价效率。

（三）增强投资者风险意识，培养价值投资理念

本书的研究结果表明，IPO定价效率不仅与企业内在价值相关，还受投资者过度乐观和狂热追捧等情绪的影响。我国创业板市场目前一定程度上也存在投机泡沫。究其原因，一是在我国资本市场投资者中，由于信息不对称的情况以及大部分投资者并没有对上市公司进行系统性的分析，在IPO过程中，存在非常明显的"搭便车"和从众行为。二是发行方为了避免陷入IPO过程困境，一般情况下，会通过"抑价"来吸引投资者。此外，在我国存在大量对创业板抱有投机心理的投资者，盲目并且积极地相信创业板的赚钱效应，对新发行的股票持过度乐观的预期，一味追求高收益而忽略了创业板公司的高风险特征。由此可见，创业板上市公司IPO初期交易价格的畸高在一定程度上就是上述原因所致。随着时间的推移，上市公司的价格会逐渐与公司的真实价值接近，股票价格也会逐步回落到真实价值水平。

因此，我国证券市场监管部门应加快改善资本市场环境，大力促进机构投资者的发展，更加重视对中小投资者的教育，培育理性的价值投资理念，提高应对风险的意识和能力，以保证创业板市场的平稳、有序发展。

（四）平衡市场主体利益，建立有效监管体系

本书的实证分析得出，我国创业板发行抑价率与上市公司总股本之间存在显著正相关关系，即发行价格越低的公司，其发行规模越大、股本数越多。这可能是由于上市公司规模越大，IPO发行中产生的信息不对称等问题就越强，从而会增加代理成本。而上市公司为了显示自身企业的高质量，进而能够最终顺利地发行上市，也会抑价出售股票，从而使得IPO抑价率上升。由此可见，市场主体之间在IPO定价发行过程中存在着利益博弈，而股票发行方能够通过控制新股定价来做出对自身最有利的决策，最终受此决策影响可能会受到损害的只能是投资者的利益。

一方面，IPO利益相关方的博弈对定价效率的高低有着重要的影响，各方利益的均衡是IPO定价的前提，这就是市场制约功能的体现。因此，从宏观政策层面上，管理层在制定法律法规时应考虑多方的意见，尤其是要更加强调对中小投资者利益的保护。目前，在我国创业板市场还存在有发行人高管、承销商与询价机构的串谋现象，而且询价机构数量也很有

限，为了让 IPO 价格回归市场价值，监管部门也应该尽可能地让更多的中小机构投资者以及投资经验丰富的散户参与到询价中来。

另一方面，由于我国创业板设立的年限还不长，市场发行和监管制度还处于逐步探索阶段，因而客观上也存在需要进一步完善的地方。在我国创业板市场存在有承销商的托市行为，即券商一般会在 IPO 首日上市之后，为了避免新股价格下滑，会采取大量买进上市公司股票的行为，这就导致了创业板市场较高的首日抑价率。因此，从政府角度来看，应通过制度和规则来平衡市场各个主体的利益，建立完善的监督体系，加强对上市公司以及券商的有效监督，强化对机构投资者及中小投资者的引导、教育，进而建立起一整套适合我国创业板市场发展的严格、有效、规范的监管制度，以此来降低我国创业板市场 IPO 抑价的程度，提升 IPO 定价效率。

7.3　研究局限与不足

本书是以创业板市场 IPO 发行制度和定价机制作为研究的出发点，然后落脚到创业板 IPO 发行定价效率与上市企业 IPO 之后长期市场表现这两个关键问题上。受制于作者的研究水平和研究时间，以及在数据收集和研究方法等方面的客观条件，本书的研究尚存在一些不足之处，主要表现在：

其一，国内 IPO 发行制度和定价机制处在不断变革之中。虽然创业板的设立时间不长，但是，在政策实施上却经常变化和调整，最典型的就是，从 2009 年 10 月以来，IPO 企业数量的时间分布并不均衡，时多时少，2013 年甚至没有一家获准发行。对此，本书的考虑是不够的。

其二，各类评价指标的局限性及其客观偏差。本书在对现有的主观物元模糊综合评价模型进行改进时，虽然有效地克服了其主观性过强的缺陷，但考虑到不同的创业板上市公司的异质性与特殊性，度量每一个评价指标所选用的客观财务指标可能存在一定的不完整性。另外，本模型中所使用的财务指标虽然具有标准性和权威性，但其终归属于历史数据，在创业板 IPO 定价准确性上存在着一定偏差。

其三，本书从多个角度对境内创业板和境外创业板市场、主板市场进行了对比分析。但是，受制于数据和信息的可获得性，本书对境外创业板和主板市场 IPO 的分析主要集中于香港联交所、美国纽约交易所和 NASDAQ 等少数几个市场，未能充分地纳入其他具有较大影响的创业板和主板市场 IPO 样本，难免可能存在一定的偏差。

其四，本书对 IPO 抑价程度的分析，采用的是以随机边界分析（SFA）为主的方法，但任何方法都存在一定的假设前提和应用局限，为使结果更为稳健，有必要采用多种方法对结果进行对比分析和稳健性检验。

7.4　下一步研究方向

考虑到上述局限，如下的一些问题将是作者后续进一步开展研究的可能方向：

第一，以适当方式纳入与发行政策和定价制度实施情况相关的因素，更多地从实际实行的而不仅仅是文件上的规定作为出发点，来分析创业板市场的 IPO 及相关问题。

第二，借用应用数学的相关成果与统计学，研究创业板 IPO 定价模型中主客观因素进一步结合的模型化方法。

第三，跟踪境外主要的创业板市场，加强市场数据收集分析，增加如日本 JASDAQ、英国 AIM 和美国 NASDAQ 市场等的 IPO 制度和样本收集，以期更为全面地反映创业板市场 IPO 定价效率的横向比较特征。

第四，以数据包络分析（DEA）、面板数据回归等方法来验证随机边界分析所得出的结论，以增强分析的稳健性和结论的说服力。

第五，由于样本量的不足以及只选择了信息软件行业进行研究，构建的模型以及对模型的检验存在一定不足，下一步将对本书构建的定价模型进行更深入地研究。

附　表

附表 1　各个板块的 IPO 抑价程度的时间序列

年份	全部 IPO	主板	创业板	中小板
1995	0.735	0.735		
1996	0.727	0.727		
1997	0.739	0.739		
1998	0.742	0.742		
1999	0.759	0.759		
2000	0.791	0.791		
2001	0.798	0.798		
2002	0.766	0.766		
2003	0.773	0.773		
2004	0.766	0.755		0.771
2005	0.738	0.724		0.742
2006	0.756	0.775		0.751
2007	0.791	0.815		0.786
2008	0.778	0.830		0.775
2009	0.845	0.840	0.850	0.842
2010	0.858	0.840	0.867	0.856
2011	0.840	0.834	0.844	0.837
2012	0.806	0.788	0.810	0.809
2014	0.810	0.796	0.818	0.817
2015	0.806	0.813	0.801	0.800
2016	0.802	0.802	0.805	0.799
2017	0.803	0.808	0.794	0.807
2018	0.806	0.802	0.803	0.822
2019	0.799	0.799	0.798	0.801
2020	0.804	0.804	0.805	0.803

附表 2　境内外各市场板块的 IPO 抑价程度的时间序列

年份	全部 IPO	内地主板	内地中小板	内地创业板	境外主板	境外创业板
1992	0.242	0.242				
1993	0.385	0.385				
1994	0.436	0.436				
1995	0.349	0.349				
1996	0.517	0.517				
1997	0.476	0.476				
1998	0.425	0.425				
1999	0.427	0.422				0.849
2000	0.431	0.459			0.185	0.290
2001	0.391	0.461			0.200	0.168
2002	0.373	0.413			0.147	0.166
2003	0.370	0.405			0.221	0.283
2004	0.408	0.390		0.518	0.254	0.625
2005	0.263	0.263		0.393	0.205	0.490
2006	0.336	0.226		0.436	0.216	0.593
2007	0.406	0.289		0.510	0.245	0.765
2008	0.438	0.296		0.512	0.231	0.520
2009	0.507	0.239	0.746	0.675	0.210	0.442
2010	0.630	0.387	0.790	0.707	0.254	0.455
2011	0.577	0.513	0.711	0.670	0.212	0.312
2012	0.480	0.369	0.652	0.569	0.233	0.283
2013	0.465				0.380	0.611
2014	0.525	0.430	0.677	0.537	0.411	0.618
2015	0.477	0.438	0.536	0.464	0.356	0.604
2016	0.442	0.418	0.528	0.483	0.309	0.502
2017	0.445	0.445	0.481	0.479	0.375	0.456
2018	0.455	0.490	0.533	0.521	0.369	0.507
2019	0.487	0.432	0.569	0.501	0.324	0.675
2020	0.559	0.466	0.561	0.523	0.411	0.728

参考文献

［1］白霄，赵文耀，郑建明．承销商—审计师合作关系、盈余管理与IPO定价［J］．山西财经大学财报，2017（11）：43-55.

［2］白仲光，张维．基于随机边界定价模型的新股短期收益研究［J］．管理科学学报，2003（1）：51-59+67.

［3］柏骥，周孝华．股权分置改革对IPO抑价影响研究［J］．技术经济，2010（8）：82-87.

［4］卞腾锐，王雨晨．我国上市公司高管离职与股权激励关系研究——以我国创业板为例［J］．西安石油大学学报（社会科学版），2015（6）：40-45.

［5］蔡文明．我国创业板市场IPO若干问题研究［D］．厦门大学，2008.

［6］蔡艳萍，何燕花．我国创业板IPO首日超额收益原因实证研究［J］．湖南大学学报（社会科学版），2012，26（1）：71-76.

［7］曹明．我国创业板退市制度的问题与对策［J］．厦门理工学院学报，2010（4）：66-70.

［8］曾江洪，杨开发．风险资本对IPO抑价的影响——基于中国中小企业板上市公司的实证研究［J］．经济与管理研究，2010（5）：33-39.

［9］曾蔚，游达明．创业投资与我国创业板市场IPO抑价度研究［J］．求索，2012（4）：35-37.

［10］曾文强，李洪成，王嘉毅．风险投资和IPO抑价实证研究［J］．中国商界（下半月），2010（1）：3-4.

［11］曾永艺，吴世农，吴冉劼．我国创业板高超募之谜：利益驱使或制度使然［J］．中国工业经济，2011（9）：140-150.

［12］常红军．试论我国创业板的特点和设立的作用［J］．甘肃社会科学，2009（6）：149-151.

［13］陈斌．创业板市场初创期运行模式及风险研究［J］．证券市场导

报，2008（7）：26-30.

［14］陈超，陈文斌．中国股票首次公开发行真的被低估了吗？［J］．中国会计评论，2003：149-162.

［15］陈德萍，曾智海．资本结构与企业绩效的互动关系研究——基于创业板上市公司的实证检验［J］．会计研究，2012（8）：66-71.

［16］陈宏亮．后金融危机时代我国创业板市场的风险及对策分析［J］．产业与科技论坛，2010（7）：133-135.

［17］陈见丽．风投介入、风投声誉与创业板公司的成长性［J］．财贸经济，2012（6）：57-64.

［18］陈见丽．风险投资能促进高新技术企业的技术创新吗？——基于中国创业板上市公司的经验证据［J］．经济管理，2011（2）：71-77.

［19］陈见丽．核准制与注册制：助长 IPO 泡沫还是抑制 IPO 泡沫？——以创业板为例［J］．中南财经政法大学学报，2015（4）：88-94.

［20］陈建华，张宇光．对我国创业板"三高"现象的思考［J］．深圳大学学报（人文社会科学版），2011（5）：87-93.

［21］陈健，贾隽．分析师盈利预测和行业估值对 IPO 定价的影响［J］．证券市场导报，2014（7）：15-20.

［22］陈柳钦，曾庆久．中国股市 IPO 抑价实证分析［J］．贵州财经学院学报，2003（4）：20-24.

［23］陈鹏程，周孝华．媒体报道、机构投资者行为与 IPO 定价［J］．山西财经大学学报，2016，38（2）：26-35.

［24］陈鹏程，周孝华．市场条件、承销商声誉与 IPO 定价［J］．技术经济，2015，34（8）：107-115.

［25］陈胜蓝．财务会计信息与 IPO 抑价［J］．金融研究，2010（5）：152-165.

［26］陈守东，陶治会．基于突变级数的创业板成长性研究［J］．证券市场导报，2013（4）：50-54.

［27］陈晓剑．我国创业板公司内部控制信息披露的实证研究［J］．商业文化（学术版），2010（7）：61-63.

［28］陈训波，贺炎林．中国 IPO 定价效率研究——基于 IPO 抑价率和 EFF 值的比较分析［J］．经济理论与经济管理，2013（8）：47-59.

［29］陈艳丽，曹国华．基于随机前沿分析的创业板 IPO 抑价来源研究［J］．技术经济，2010（12）：32-35.

[30] 陈有禄，熊虎，罗秋兰．全流通下我国证券市场 IPO 抑价的实证研究 [J]．改革与战略，2008（9）：66-69．

[31] 陈悦．我国创业板 IPO 定价效率实证分析 [D]．浙江大学，2011．

[32] 陈峥嵘．完善创业板退市制度真正建立优胜劣汰的市场机制 [J]．科学发展，2010（9）：103-113．

[33] 初可佳，张昊宇．中国 IPO 发行制度演变对新股定价效率的影响——基于定价管制视角 [J]．金融经济学研究，2019，34（1）：83-93．

[34] 崔显林．试论中小企业上市创业板的风险及制度防范 [J]．中国商界（下半月），2009（9）：252-254．

[35] 代东东．中国创业板上市公司股权激励模式研究 [J]．洛阳师范学院学报，2014（1）：93-99．

[36] 戴坤宜．对我国推出创业板的思考——基于国际创业板市场运行状况的分析 [J]．市场周刊（理论研究），2010（1）：92-94．

[37] 戴淑庚，魏豪．发行中介声誉与 IPO 抑价——基于我国 A 股市场的实证研究 [J]．福建行政学院学报，2014（3）：83-93．

[38] 邓婕．"破发"背景下创业板 IPO 定价合理性分析 [D]．南京理工大学，2014．

[39] 邓坤烘，张俊明．中国创业板市场发展现状分析——创业板上市一周年研究（一）[J]．科技创业月刊，2011（1）：44-47．

[40] 邓小钊．股票 IPO 抑价研究文献综述 [J]．经营管理者，2010（3）：246．

[41] 邓尧刚．风险投资对于上市公司发行市盈率的影响研究——基于创业板上市公司的实证分析 [J]．改革与开放，2010（18）：52-54．

[42] 丁玫．创业板市场会计信息披露质量标准研究 [J]．财会通讯，2009（27）：28-30．

[43] 丁松良．中国新股长期走势实证研究 [J]．南开经济研究，2003（3）：55-62．

[44] 董秀良，刘佳宁，满媛媛．注册制下科创板首发定价合理性及高回报成因研究 [J]．上海财经大学学报，2020，22（6）：65-78．

[45] 董旃．会计信息自愿性披露：基于创业板市场分析 [J]．天津市财贸管理干部学院学报，2010（2）：11-14．

[46] 杜俊涛，周孝华，杨秀苔．中国证券市场 IPOs 长期表现的实证

研究［J］．中国软科学，2003（11）：46-51+5.

［47］杜向润，冯民权，张建龙．基于改进模糊物元模型的水安全评价研究［J］．西北农林科技大学学报（自然科学版），2015（8）：222-228.

［48］段小明，刘玉山．中国A股IPO抑价问题及其影响因素分析［J］．哈尔滨理工大学学报，2006（1）：56-59.

［49］方先明，张若璇．新股收益、长期表现与股票市场质量：不败新股的长期弱势现象研究［J］．中国工业经济，2020（12）：64-82.

［50］房坤．基于比较视角的创业板市场退市机制研究［J］．海南金融，2011（4）：31-35.

［51］房四海，王成．创业企业定价的复合实物期权模型［J］．数量经济技术经济研究，2003（9）：63-68.

［52］冯冠，周孝华．供给侧改革背景下IPO抑价率的度量与解读［J］．软科学，2019，33（6）：140-144.

［53］冯玉梅，肖建洋．我国主板、中小板和创业板股票IPO抑价比较研究［J］．山东财政学院学报，2014（1）：18-23.

［54］冯梓洋，张显峰，唐亮．创业板公司自主创新与企业绩效、股价波动的关联分析［J］．证券市场导报，2014（3）：41-45.

［55］付建龙．论我国内地创业板监管法律制度的完善［J］．特区经济，2009（12）：105-106.

［56］付剑峰，郭戎．中国创业板市场支持高新技术企业发展的现状、问题及建议［J］．中国科技论坛，2011（9）：62-66.

［57］付雷鸣，万迪昉，张雅慧．R&D投入水平影响IPO抑价吗——基于创业板上市公司的研究［J］．经济与管理研究，2011（11）：52-60.

［58］高波．企业价值评估中的现金流量与企业寿命周期探析［J］．中国资产评估，2002（6）：25-28+7.

［59］高敬忠，杨朝．IPO制度改革、盈余管理与IPO定价效率［J］．贵州财经大学学报，2020（1）：21-36.

［60］高敏．核准制下承销商声誉与IPO抑价研究［J］．财会研究，2006（11）：48-50.

［61］葛帮亮．主板、中小板和创业板IPO抑价的比较研究［J］．财会月刊，2013（16）：14-17.

［62］宫俊梅，姚梅芳．中国创业板IPO研究进展及展望［J］．管理现代化，2018，38（5）：5-8.

[63] 龚光明，田源．风险资本、承销商声誉与创业板 IPO 定价效率 [J]．会计之友，2016（15）：86-92．

[64] 谷秋丽．中小企业内地创业板上市的财务战略筹划 [J]．特区经济，2010（4）：122-123．

[65] 谷文林，孔祥忠．创业板在高科技企业融资中的功效研究 [J]．科技与经济，2011（2）：78-80．

[66] 郭菊娥，熊洁．创业板风险的形成机理及其防范对策 [J]．西安交通大学学报（社会科学版），2011（1）：18-22．

[67] 郝丽娜．我国创业板 IPO 发行定价机制研究 [D]．兰州大学，2010．

[68] 何剑．承销商作用与中国股市 IPO 抑价 [J]．广东商学院学报，2008（5）：68-72．

[69] 何巍巍．投资者情绪、信息不对称对 IPO 抑价的影响——基于深圳创业板的实证研究 [J]．中国证券期货，2011（11）：10-12．

[70] 何应龙，田益祥．中小企业股票市场化发行定价的半参数自组织模型与实证 [J]．南方经济，2006（2）：107-115．

[71] 贺炎林，吕随启．中国 IPO 询价过程解析：基于公共信息的视角 [J]．经济科学，2010（6）：77-89．

[72] 贺炎林．询价制下公共信息在 IPO 抑价中的作用 [J]．经济科学，2011（6）：74-89．

[73] 胡丹，冯巧根．信息环境、审计质量与 IPO 抑价——以 A 股市场 2009—2011 年上市的公司为例 [J]．会计研究，2013（2）：78-85．

[74] 胡正宗．中国创业板市场操纵行为研究 [J]．现代商贸工业，2010（6）：190-191．

[75] 胡志强，庞一帆．交叉上市、知情交易与 IPO 定价效率 [J]．系统工程，2019，37（5）：117-129．

[76] 胡志强，赵美娟．多元偏 t-Copula 模型下新股发行制度与 IPO 抑价研究——基于主板、中小板和创业板的实证分析 [J]．经济评论，2016（3）：148-160．

[77] 胡志强，喻雅文．技术创新效率对企业 IPO 后长期绩效的影响研究——基于创业板高科技企业样本的实证研究 [J]．北京工商大学学报（社会科学版），2017，32（5）：87-96．

[78] 黄宏斌，刘树海，赵富强．媒体情绪能够影响投资者情绪吗——

基于新兴市场门槛效应的研究［J］.山西财经大学学报，2017（12）：29-44.

［79］黄俊，陈信元.媒体报道与IPO抑价——来自创业板的经验证据［J］.管理科学学报，2013（2）：83-94.

［80］黄鹂.中小企业板IPO市盈率多因素模型研究及在创业投资价值评估中的应用［D］.华中科技大学，2008.

［81］黄利福，梁工谦，董仲慧.基于模糊物元模型的高维多目标FJSP研究［J］.计算机应用研究，2017（5）：1337-1341.

［82］黄顺武，贾捷，汪文隽.基于双边随机边界模型的IPO抑价分解研究——来自中国创业板的证据［J］.中国管理科学，2017，25（2）：21-29.

［83］黄顺武，余霞光.IPO信息披露与监管的演化博弈分析［J］.中国管理科学，2020：1-8.

［84］黄顺武，俞凯，贾捷.询价制下IPO定价的演化博弈分析［J］.中国管理科学，2018，26（12）：78-89.

［85］黄宇红，何伟.国内外创业板比较浅析［J］.中国证券期货，2011（6）：25-26.

［86］黄泽勇.中国创业板IPO定价效率研究——基于双边随机前沿模型［J］.广东商学院学报，2013（2）：21-29.

［87］季学凤.从创业板看中小企业融资难问题破解路径［J］.企业经济，2011（11）：171-173.

［88］蒋葵，向秀红.深圳创业板IPO抑价现象的实证研究［J］.统计与决策，2010（22）：136-139.

［89］蒋雪琴.创业板公司股权结构与IPO抑价关系的实证研究［J］.财会月刊，2011（26）：3-5.

［90］蒋永明，蒋顺才.西方IPO抑价理论及对中国IPO研究的启示［J］.财经理论与实践，2006（3）：49-54.

［91］况昕.对经济下行形势下推行股票发行注册制的思考［J］.财经科学，2016（4）：13-21.

［92］来小华.创业板IPO定价影响因素分析［D］.浙江大学，2011.

［93］雷星晖，李金良，乔明哲.创始人、创业投资与创业板IPO抑价［J］.证券市场导报，2011（3）：69-73.

［94］李程.沪深两市上市公司IPO定价的影响因素分析［D］.中国海

洋大学，2008.

[95] 李聃，冯扬．我国 IPO 定价影响因素实证研究 ［J］．中国市场，2016（11）：22-26

[96] 李冬昕，李心丹，俞红海，等．询价机构报价中的意见分歧与 IPO 定价机制研究 ［J］．经济研究，2014，49（7）：151-164.

[97] 李红．我国创业板上市公司知识产权信息披露探析 ［J］．图书情报工作，2010（16）：90-93.

[98] 李华．浅谈创业板上市公司的特征及评价 ［J］．商场现代化，2010（2）：86-87.

[99] 李华一．中小企业 IPO 定价多因素模型研究 ［D］．大连理工大学，2005.

[100] 李慧娟，刘启明．IPO 抑价问题浅析 ［J］．中小企业管理与科技（上旬刊），2009（9）：121-122.

[101] 李佳，王晓．中国股票市场有效性的实证研究——基于方差比的检验方法 ［J］．经济经纬，2010（1）：137-140.

[102] 李佳亮．基于创业板市场的高新技术企业融资模式分析 ［J］．特区经济，2011（2）：132-134.

[103] 李建标，汪敏达，王鹏程．IPO 定价机制的信息产生能力、定价效率与市场表现——拍卖与累计投标的实验比较 ［J］．经济管理，2013（9）：148-156.

[104] 李景．IPO 询价制度效果：中国证券市场的实证研究 ［J］．中国商界，2008（11）：10-11.

[105] 李璐，杨敬静．IPO 长期市场表现的研究文献综述 ［J］．财会月刊，2014（24）：96-101.

[106] 李如忠．基于模糊物元分析原理的区域生态环境评价 ［J］．合肥工业大学学报（自然科学版），2006（5）：597-601.

[107] 李善民，陈旭．创业板 IPO 抑价、公司治理与发行特征——中国创业板和中小板上市公司的比较研究 ［J］．兰州大学学报（社会科学版），2011（5）：111-120.

[108] 李滔．新股发行制度改革背景下承销商声誉对 IPO 抑价影响研究 ［J］．中国经贸导刊，2017（23）：14-17.

[109] 李万明．创业板公司业绩增长性及原因分析 ［J］．特区经济，2012（10）：109-111.

［110］李维安，李慧聪，郝臣．高管减持与公司治理创业板公司成长的影响机制研究［J］．管理科学，2013（4）：1-12.

［111］李晓龙，陈亮．创业板和中小板 IPO 抑价比较［J］．会计之友，2011（12）：74-77.

［112］李妍．承销商声誉与 IPO 抑价的实证分析——基于我国股票发行监管制度改革［J］．商业经济，2010（2）：61-63.

［113］李曜，张子炜．私募股权、天使资本对创业板市场 IPO 抑价的不同影响［J］．财经研究，2011（8）：113-124.

［114］李忆朋，孟庆军，郭章翠．关于提高创业板上市公司信息披露质量的思考［J］．企业经济，2012（8）：152-155.

［115］李永强．基于实物期权理论的高科技企业 IPO 定价方法研究［D］．华中科技大学，2004.

［116］李蕴玮，宋军，吴冲锋．考虑市值权重的 IPO 长期业绩研究［J］．当代经济科学，2002（6）：12-15+91.

［117］梁军，周扬．创业板对创新型企业的吸聚效应和培育功能［J］．现代财经（天津财经大学学报），2012（10）：78-86.

［118］梁军，周扬．创业板与企业创新的实证研究［J］．科研管理，2013（2）：89-96.

［119］梁彤缨，许悦．高层管理团队管理能力对 IPO 抑价的影响——来自中国中小企业板的经验证据［J］．华南理工大学学报（社会科学版），2009（2）：16-21.

［120］林晨．我国创业板市场 IPO 抑价现象的实证研究［D］．南京大学，2011.

［121］林笑笑，魏登波，刘晓潮．发展我国创业板市场的几点建议［J］．现代经济（现代物业下半月刊），2009（9）：38-40.

［122］林雨晨，林洪．承销商声誉的破发补偿效应——基于中国创业板 IPO 抑价率的实证研究［J］．北京工商大学学报（社会科学版），2014（1）：76-82.

［123］林振兴．网络讨论、投资者情绪与 IPO 抑价［J］．山西财经大学学报，2011（2）：23-29.

［124］刘超然，潘焕学，张岩．我国创业板 IPO 抑价实证研究［J］．中国市场，2012（13）：48-51.

［125］刘春玲．我国 A 股市场 IPO 定价影响因素的实证分析［J］．财

会月刊，2009（18）：74-77.

［126］刘道远. 创业板市场强制做市商法律制度研究［J］. 河南大学学报（社会科学版），2011（3）：53-60.

［127］刘广. IPO 抑价理论演化与文献综述［J］. 技术经济与管理研究，2013（3）：84-88.

［128］刘剑蕾，栗媛. 市场化进程对 IPO 抑价的影响研究——基于信息不对称理论视角［J］. 国际金融研究，2019（6）：87-96.

［129］刘洁. 浅谈我国创业板市场发展［J］. 当代经济，2009（24）：92-93.

［130］刘静，陈璇. 基于信息不对称理论的 IPO 抑价实证检验［J］. 云南财经大学学报，2008（5）：65-72.

［131］刘力，李文德. 中国股票市场股票首次发行长期绩效研究［J］. 经济科学，2001（6）：33-44.

［132］刘亮. 创业板上市公司成长性及其内在影响因素研究［D］. 青岛大学，2012.

［133］刘蕊，陶冶. 基于信息不对称与行为金融双重视角的 IPO 抑价影响因素研究［J］. 科技创业月刊，2016，29（13）：45-46.

［134］刘文国，王纯. 中美两国创业板市场管理比较研究［J］. 金融与经济，2008（8）：20-23.

［135］刘小群，章焕新. 我国 IPO 抑价影响因素的实证分析［J］. 中国证券期货，2011（9）：202-203.

［136］刘鑫，宁湘波. 中国创业板市场与其他证券市场的波动联动性分析［J］. 华北电力大学学报（社会科学版），2011（S2）：152-156.

［137］刘阳，谭艺群，李震伟. 中介声誉与 IPO 抑价——基于询价制度下的研究［J］. 财会通讯，2012（24）：107-110.

［138］刘曜，干胜道. 我国创业板促进中小企业成长的机理分析［J］. 科技管理研究，2009（11）：109-111.

［139］刘永文，楼蔚. 2006 年 IPO 重启后上证综指与沪市 IPO 抑价关系的实证分析［J］. 贵州财经学院学报，2010（5）：53-57.

［140］刘煜辉，熊鹏. 股权分置、政府管制和中国 IPO 抑价［J］. 经济研究，2005（5）：85-95.

［141］刘玥，方先明. 迷失的超募资金——来自我国首批 28 家创业板上市公司的经验证据［J］. 管理学家（学术版），2011（2）：3-12.

[142] 刘志杰. 创业板对于中国的中小企业融资难题的作用 [J]. 天津市财贸管理干部学院学报, 2009 (4): 46-47.

[143] 刘志远, 郑凯, 何亚南. 询价制度第一阶段改革有效吗 [J]. 金融研究, 2011 (4): 158-173.

[144] 龙丽娜, 鲁兴启. 创业板 IPO 超募现象解析——以创业板上市的前 100 家公司为例 [J]. 企业经济, 2012 (2): 155-158.

[145] 卢世闯. 我国创业板 IPO 定价合理性的实证研究 [D]. 陕西科技大学工商管理, 2013.

[146] 陆岷峰, 陈志宁. 创业板市场发展的国际经验比较及我国的对策研究 [J]. 南方金融, 2009 (6): 54-58.

[147] 罗婵. 创业板市场的发展现状及风险分析 [J]. 当代经济, 2010 (11): 125-127.

[148] 罗荷英, 温彩秀. 创业板高管集体辞职套现现象探析 [J]. 企业经济, 2011 (6): 78-80.

[149] 罗琦, 伍敬侗. 投资者关注与 IPO 首日超额收益——基于双边随机前沿分析的新视角 [J]. 管理科学学报, 2017, 20 (9): 46-60.

[150] 罗艳娥. 创业板上市公司专利问题分析 [J]. 特区经济, 2010 (10): 103-104.

[151] 吕非易, 张夏夫. 我国创业板 IPO 抑价因素分析与实证 [J]. 现代商业, 2014 (15): 192-193.

[152] 马超群, 徐光鲁, 刘伟, 等. 询价制度改革、知情交易者概率与 IPO 溢价 [J]. 中国管理科学, 2018, 26 (8): 1-12.

[153] 马建会. 中小企业在创业板上市: 风险与对策 [J]. 财经理论与实践, 2002 (4): 86-90.

[154] 马俊. 论我国创业板退市程序的完善: 基于投资者权益保护视角 [J]. 上海金融, 2011 (6): 72-78.

[155] 毛立军, 李一智. 新股公开发行定价方式的探讨 [J]. 中南大学学报 (社会科学版), 2004, 10 (3): 331-336.

[156] 孟泉宇. 基于行为金融理论的我国创业板 IPO 抑价分析 [D]. 西南财经大学, 2013.

[157] 莫鸿徽, 陈彬. R&D 信息披露与 IPO 抑价——基于创业板市场的实证研究 [J]. 会计之友, 2013 (1): 100-106.

[158] 穆林娟, 张力. 创业板上市公司成长性影响因子研究 [J]. 求

索，2011（6）：38-39.

[159] 潘俊，赵一春 . 投资者参与、企业内在价值与 IPO 抑价——基于中国 A 股市场的经验证据 [J]. 山西财经大学学报，2011（12）：79-87.

[160] 潘胜文，吴川东 . 涨幅限制、投资者情绪与 IPO 抑价 [J]. 金融监管研究，2020（8）：84-101.

[161] 乔明哲，张玉利，凌玉，等 . 公司创业投资究竟怎样影响创业企业的 IPO 抑价 [J]. 南开管理评论，2017（1）：167-180.

[162] 邱冬阳，陈林，孟卫东 . 内部控制信息披露与 IPO 折价——深圳中小板市场的实证研究 [J]. 会计研究，2010（10）：34-39+95.

[163] 邱冬阳，熊维勤，皮星 . IPO 抑价的滞后效应：来自中国市场的实证研究 [J]. 预测，2012（5）：58-63.

[164] 邱冬阳，熊维勤 . 基于随机前沿方法的 IPO 折价分解 [J]. 重庆理工大学学报（社会科学版），2011（11）：50-56.

[165] 任传普 . 创业板上市公司成长性分析 [J]. 中国证券期货，2011（9）：26-27.

[166] 阮青松，常乐 . 我国创业板上市公司成长性评价分析 [J]. 上海管理科学，2012（4）：53-57.

[167] 沈艺峰，陈雪颖 . 我国首次公开发行股票的实证研究 [J]. 厦门大学学报（哲学社会科学版），2002（2）：79-87+101.

[168] 施泽宇，闫晓岭，郭慧敏 . 信息不对称与承销商能力对 IPO 抑价的影响——基于创业板上市公司的研究 [J]. 海南金融，2012（7）：60-63.

[169] 史金艳，李笑冲，李延喜 . 投资者情绪阶段测度与 IPO 首日收益——兼论承销商声誉的调节效应 [J]. 大连理工大学学报（社会科学版），2018，39（5）：32-40.

[170] 宋常，张宏宇 . 询价制下的中国 IPO 定价效率 [J]. 首席财务官，2012（4）：62-65.

[171] 宋光辉，许林，师渊 . 创业板与中小企业板上市公司财务状况比较研究——基于中小企业融资的视角 [J]. 软科学，2011（5）：124-130.

[172] 宋鹏，黄倩 . 我国创业板上市公司成长性测量 [J]. 财经科学，2012（1）：66-72.

[173] 宋顺林，唐斯圆 . IPO 定价管制、价值不确定性与投资者"炒

新"[J]. 会计研究, 2017 (1): 61-67+96.

[174] 宋顺林, 唐斯圆. 投资者情绪、承销商行为与 IPO 定价——基于网下机构询价数据的实证分析 [J]. 会计研究, 2016 (2): 66-72+96.

[175] 孙传朋, 宋荣兴. 创业板风险意识与监管对策探讨 [J]. 现代物业 (中旬刊), 2009 (11): 63-65.

[176] 孙国茂, 姜顺其, 张韶岩. 中国股票市场 IPO 抑价原因研究——基于创业板的统计数据 [J]. 山东大学学报 (哲学社会科学版), 2013 (4): 21-29.

[177] 孙静, 安实. IPO 抑价理论研究综述及其评价 [J]. 哈尔滨商业大学学报 (社会科学版), 2006 (3): 82-85.

[178] 孙静稳. 我国创业板企业成长性实证分析 [J]. 当代经济, 2010 (12): 17-19.

[179] 孙自愿. 基于抑价和溢价的 IPO 初始收益与长期走势问题研究 [D]. 中国矿业大学, 2009.

[180] 覃家琦, 邵新建, 赵映雪. 双重上市、IPO 抑价与大规模融资行为——来自中国公司 IPO 的证据 [J]. 金融研究, 2012 (3): 193-206.

[181] 谭德凯, 田利辉. 承销商与发行人的信息不对称程度测算——基于双边随机前沿模型 [J]. 中国管理科学, 2019: 1-12.

[182] 唐小伟. A 股 IPO 抑价原因分析——基于供求分析的实证研究 [J]. 当代经济, 2013 (18): 90-91.

[183] 陶冶. 影响新股定价的因素分析 [J]. 湖南大学学报 (社会科学版), 2003 (3): 34-36.

[184] 田春慧. 关于我国创业板市场的相关问题的探讨 [J]. 经营管理者, 2010 (18): 75-76.

[185] 田嘉, 占卫华. 投资银行的声誉与 IPO 定价偏低关系的实证研究 [J]. 中国社会科学院研究生院学报, 2000 (4): 33-36.

[186] 童艳. 提高新股定价效率的若干建议 [J]. 银行家, 2008 (6): 78-81.

[187] 屠立峰, 乔桂明, 贝政新. 行业异质性、风险资本投资特征与上市公司 IPO 后长期收益 [J]. 新金融, 2017 (11): 60-64.

[188] 汪昌云, 武佳薇, 孙艳梅, 等. 公司的媒体信息管理行为与 IPO 定价效率 [J]. 管理世界, 2015 (1): 118-128.

[189] 汪海粟, 方中秀. 无形资产的信息披露与市场检验——基于深

圳创业板上市公司数据 [J]. 中国工业经济, 2012 (8): 135-147.

[190] 王冰, 尤晨. 百度指数与创业板 IPO 抑价研究 [J]. 福建江夏学院学报, 2013 (5): 9-16.

[191] 王春峰, 姚锦. 新股价值低估的随机前沿分析 [J]. 系统工程, 2004, 22 (4): 30-35.

[192] 王春峰, 赵威. 基于 "簿记" 理论的我国 IPO 抑价实证研究 [J]. 哈尔滨工业大学学报 (社会科学版), 2006 (3): 83-87.

[193] 王道高. 全球主要创业板上市条件的分析及启示 [J]. 工业技术经济, 2009 (1): 137-140.

[194] 王栋, 王新宇. 投资者情绪对 IPO 抑价影响研究——来自深圳中小板、创业板市场的经验证据 [J]. 金融与经济, 2011 (4): 48-51.

[195] 王芳, 朱伟骅. IPO 首日超额收益率影响因素分析 [J]. 金融监管研究, 2013 (3): 70-88.

[196] 王国松, 张飞. 创业板中大股东减持对股价影响的实证研究 [J]. 价格理论与实践, 2016: 2-4.

[197] 王化成, 陈占燎, 欧阳才越, 等. 证券公司上市可以提高 IPO 企业市场表现吗? [J]. 管理评论, 2020: 1-12.

[198] 王会芳. 创业板上市公司股利分配研究 [J]. 证券市场导报, 2011 (3): 74-77.

[199] 王会芳. 行中求变——2008 年下半年以来海外主要创业板市场发展启示与风险 [J]. 深交所, 2010 (2): 20-23.

[200] 王建飞, 双星, 李晓欢, 等. 我国创业板市场和主板市场动态相关性的实证分析 [J]. 中国商界 (下半月), 2010 (5): 7-9.

[201] 王晋斌. 新股申购预期超额报酬率的测度及其可能原因的解释 [J]. 经济研究, 1997 (12): 17-24.

[202] 王竞达, 瞿卫菁. 创业板公司并购价值评估问题研究——基于我国 2010 年、2011 年创业板公司并购数据分析 [J]. 会计研究, 2012 (10): 26-34.

[203] 王力. 我国创业板市场 IPO 抑价原因研究 [J]. 中国西部科技, 2010 (29): 45-46.

[204] 王莉婷. 基于投资者情绪的我国创业板 IPO 抑价实证研究 [J]. 西南金融, 2013 (3): 10-13.

[205] 王曼丽. 我国上市公司专利对企业价值的影响研究 [D]. 北京

交通大学，2015.

［206］王旻，杨朝军，廖士光．创业板市场对主板市场的冲击效应研究——香港股市与深圳中小企业板的经验证据与启示［J］．财经研究，2009（5）：63-73.

［207］王木之，李丹．资本市场中的媒体公关：来自我国企业 IPO 的经验证据［J］．管理世界，2016（7）：121-136.

［208］王世群．鄱阳湖生态经济区中小企业创业板上市可行性分析［J］．特区经济，2011（5）：130-131.

［209］王澍雨，杨洋．中国创业板 IPO 定价效率研究——基于 IPO 破发的视角［J］．宏观经济研究，2017（7）：95-103.

［210］王薇．我国创业板市场市盈率估值的合理性分析［J］．西安财经学院学报，2010（3）：66-70.

［211］王新宇，赵绍娟．基于随机边界与分位回归的我国新股发行定价行为［J］．系统工程，2008（4）：24-29.

［212］王秀丽，张艳．创业板上市公司的 IPO 盈余管理研究［J］．国际商务财会，2012（1）：19-24.

［213］王燕鸣，张俊青．创业板上市公司成长性与估值［J］．经济管理，2011（7）：45-49.

［214］王园林，刘子东．中外创业板监管制度比较［J］．国际经贸探索，2011（1）：70-74.

［215］王媛媛．论我国创业板退市制度何去何从［J］．时代金融，2011（20）：25-32.

［216］王月溪，王萍．VC/PE-BACKED 对我国创业板上市公司 IPO 抑价度影响的实证研究［J］．哈尔滨商业大学学报（社会科学版），2011（3）：3-11.

［217］危兆宾．创业板上市公司超募资金运用的法律规制研究［J］．财务与金融，2011（2）：16-19.

［218］魏志华，曾爱民，吴育辉，等．IPO 首日限价政策能否抑制投资者"炒新"？［J］．管理世界，2019，35（1）：192-210.

［219］文守逊，张泰松，黄文明．创业投资声誉、创业板 IPOs 初始收益和长期业绩［J］．审计与经济研究，2012（4）：104-112.

［220］吴佩，姚亚伟．我国 A 股市场 IPO 抑价多因素影响的实证分析［J］．当代经济，2008（2）：130-132.

[221] 吴霞．中国创业板上市公司信息披露探讨［J］．科技广场，2011（2）：185-187.

[222] 吴晓霖，蒋祥林．实物期权法评估高科技企业股价模型［J］．科技管理研究，2005（4）：146-148.

[223] 吴晓求．中国创业板市场：现状与未来［J］．财贸经济，2011（4）：5-14.

[224] 伍文中，高琪．逐名效应、认证监督与中国创业板 IPO 抑价［J］．金融经济学研究，2018，33（6）：94-103.

[225] 武龙．信息不对称、噪声交易与 IPO 首日收益［J］．管理评论，2011，23（7）：43-52.

[226] 肖清芬．企业成长性对我国创业板 IPO 定价的影响分析［J］．企业研究，2013（4）：15-19.

[227] 谢炳庚，刘智平．模糊—物元综合评价法在环境空气质量评价中的应用研究［J］．经济地理，2010（1）：27-30.

[228] 谢汉昌，王金波．IPO 抑价还是破发——基于股权结构的实证研究［J］．山西财经大学学报，2013（5）：45-57.

[229] 谢金楼．全流通背景下 A 股 IPO 抑价研究［J］．金融与经济，2010（2）：70-72.

[230] 谢柳芳，朱荣，何苦．退市制度对创业板上市公司盈余管理行为的影响——基于应计与真实盈余管理的分析［J］．审计研究，2013（1）：95-102.

[231] 谢赞春．创业板上市公司财务状况综合评价——基于因子分析法［J］．财会研究，2011（2）：58-60.

[232] 谢志超，赵昌文，杜江．相对估价法评估高科技上市公司价值的研究［J］．四川大学学报（哲学社会科学版），2006（5）：70-76.

[233] 邢周凌．高绩效人力资源管理系统的演变与形成——基于中国创业板上市公司的案例研究［J］．企业经济，2012（8）：87-90.

[234] 熊国平．我国创业板市场发展的相关问题探讨［J］．南方金融，2009（11）：66-68.

[235] 熊虎，孟卫东，周孝华，等．核准制下投资者行为偏差和中国 IPO 抑价实证研究［J］．软科学，2007（4）：61-65.

[236] 熊真凤，周孝华．投资者的异质预期对 IPO 抑价的影响［J］．技术经济，2011（5）：115-118.

［237］徐春波，王静涛，甘志斌．承销商声誉、发行公司质量与IPO抑价的实证研究［J］．河南金融管理干部学院学报，2007（4）：86-90．

［238］徐光鲁，马超群，刘伟，等．信息披露与IPO首日回报率［J］．中国管理科学，2018，26（10）：10-19．

［239］徐浩萍，施海娜，金彧昉．新股定价基础：历史业绩还是技术创新？——基于中国创业板市场的研究［J］．金融研究，2017（4）：191-206．

［240］徐蕾．浅析中国创业板现状、问题及对策［J］．市场周刊（理论研究），2010（7）：88-89．

［241］徐少君，金雪军．社会资本、法律对中小投资者的保护和IPO抑价［J］．制度经济学研究，2008（1）：1-21．

［242］徐维爽，张庭发，宋永鹏．创业板上市公司成长性及技术创新贡献分析［J］．现代财经（天津财经大学学报），2012（1）：63-68．

［243］徐志坚，汪丽．创业企业IPO折价的影响因素——基于行为金融理论的分析［J］．南京社会科学，2012（11）：36-41．

［244］许平彩，叶陈毅，刘霄云．我国中小高新技术企业融资分析——基于创业板市场推出［J］．企业经济，2011（8）：180-182．

［245］许玉瀛．我国创业板市场IPO定价效率研究［D］．中国石油大学（华东），2011．

［246］薛明皋，李楚霖．用实物期权分析方法评价高科技公司（英文）［J］．经济数学，2002（4）：1-7．

［247］闫青，杜子平．基于理性市场的IPO抑价理论评述及策略分析［J］．财会通讯，2010（27）：99-101．

［248］杨丹，林茂．我国IPO长期市场表现的实证研究——基于超常收益率不同测度方法的比较分析［J］．会计研究，2006（11）：61-68+95-96．

［249］杨丹．新股长期价格行为的实证研究——基于壳资源价值的假说和证据［J］．财经科学，2004（5）：72-76．

［250］杨海军．投资决策中实物期权与NPV法的比较分析［J］．兰州学刊，2006（9）：151-153．

［251］杨记军，赵昌文．定价机制、承销方式与发行成本：来自中国IPO市场的证据［J］．金融研究，2006（5）：51-60．

［252］杨记军．IPO定价机制与中国的现实选择［J］．经济问题，2006

（5）：62-63.

［253］杨丽娜. 对我国创业板监管模式的思考 ［J］. 时代金融，2010（1）：54-55.

［254］叶刚. 中国创业板市场 IPO 定价效率研究——基于创业板上市公司抑价现象的实证分析 ［J］. 时代金融，2010（3）：20-22.

［255］尹龙杰. 创业板 IPO 抑价问题研究 ［J］. 金卡工程，2010，14（8）.

［256］俞红海，李心丹. 询价制度改革与中国股市 IPO "三高"问题——基于网下机构投资者报价视角的研究 ［J］. 金融研究，2013（10）：167-180.

［257］袁显平，柯大钢. 长期事件研究方法论——一个综述 ［J］. 数理统计与管理，2007（5）：809-820.

［258］张道宏，高昂，胡海青. 我国创业板市场发行定价方式研究 ［J］. 西安理工大学学报，2001（4）：421-425.

［259］张飞，周孝华. 招股书模糊信息对 IPO 首日收益的影响研究 ［J］. 管理工程学报，2020，34（4）：34-43.

［260］张劲帆，李丹丹，杜涣程. IPO 限价发行与新股二级市场价格泡沫——论股票市场 "弹簧效应" ［J］. 金融研究，2020（1）：190-206.

［261］张俊华，杨耀红，陈南祥. 模糊物元模型在地下水水质评价中的应用 ［J］. 长江科学院院报，2010（9）：10-13.

［262］张蒙，姚凤阁，邢策. A 股市场 IPO 超额初始收益率影响因素研究 ［J］. 山东社会科学，2020（10）：159-164.

［263］张绵纯. 上市高新技术企业研发费用规模影响因素分析 ［J］. 财会通讯，2011（17）：25-27.

［264］张小成，黄少安，周永生. 不同发行机制下 IPO 抑价比较研究 ［J］. 中国管理科学，2012（6）：35-42.

［265］张小成，孟卫东，周孝华. 询价下异质预期对 IPO 抑价的影响 ［J］. 中国管理科学，2008（6）：168-175.

［266］张新. 新股 IPO 定价影响因素研究 ［J］. 科技创业月刊，2011（10）：54-55+71.

［267］张学勇，陈然，魏旭. 承销商与重返 IPO 表现：基于信息不对称的视角 ［J］. 经济研究，2020，55（1）：164-180.

［268］张学勇，张叶青. 风险投资、创新能力与公司 IPO 的市场表现

［J］. 经济研究, 2016, 51 (10): 112-125.

［269］张玉林. 我国高科技企业创业板市场 IPO 的定价问题研究 ［D］. 华北电力大学（北京）, 2009.

［270］张峥, 欧阳珊. 发行定价制度与 IPO 折价 ［J］. 经济科学, 2012 (1): 73-85.

［271］张宗新, 滕俊樑. 注册制询价改革能否提高 IPO 定价效率？——基于科创板试点注册制改革的研究视角 ［J］. 上海金融, 2020 (8): 24-30.

［272］赵冬梅. IPO 价格驱动因素实证研究 ［D］. 河南大学, 2013.

［273］赵俊强, 胡文伟, 李湛. 创业板市场 IPO 定价效率研究——来自香港市场的经验证据 ［J］. 证券市场导报, 2006 (7): 74-77.

［274］郑红梅, 赵红岩. 基于随机前沿方法的我国创业板 IPO 定价效率分析 ［J］. 中国市场, 2010 (Z2): 65-67.

［275］周仕盈, 杨朝军. 涨幅限制、中国式 IPO 抑价与炒新顽疾——基于中美对比与生存分析的视角 ［J］. 系统管理学报, 2019, 28 (5): 889-898.

［276］周泰, 王亚玲. 基于模糊物元的区域物流发展水平评价 ［J］. 北京交通大学学报（社会科学版）, 2010 (3): 37-41.

［277］周孝华, 陈鹏程. 锁定制度、投资者情绪与 IPO 定价: 基于承销商视角的理论与数值分析 ［J］. 管理工程学报, 2017 (2): 84-90.

［278］周孝华. 基于行为金融的 IPO 抑价研究 ［M］. 北京: 中国财政经济出版社, 2007.

［279］朱锦超. 创业板 IPO 定价影响因素研究 ［D］. 南开大学, 2011.

［280］邹斌, 夏新平. 中国 IPO 股价的信息含量及其上市首日收益研究 ［J］. 管理科学, 2010 (3): 60-69.

［281］邹高峰, 张维, 王慧. 新股发行估价、首日收益与长期表现 ［J］. 系统工程理论与实践, 2015, 35 (4): 828-836.

［282］Aggarwal R, Leal R, Hernandez L. The Aftermarket Performance of Initial Public Offerings in Latin America ［J］. Financial Management, 1993, 22 (1): 42-53.

［283］Aggarwal R, Rivoli P. Fads in the initial public offering market? ［J］. Financial Management, 1990: 45-57.

［284］Aggarwal R. Stabilization Activities by underwriters after initial publicofferings [J]. Journal of Finance, 2000, 55: 1075-1103.

[285] Ahern K R. Sample selection and event study estimation [J]. Journal of Empirical Finance, 2009, 16 (3): 466-482.

[286] Aigner D, Lovell C, Schmidt P. Formulation and estimation of stochastic frontier production function [J]. Journal of Econometrics, 1977, 6 (1): 21-37.

[287] Ali H. Behavioral timing, valuation and postissue performance of UK initial public offerings [J]. Journal of Behavioral Finance, 2017, 18 (2): 152-166.

[288] Allen F, Faulhaber G R. Signalling by underpricing in the IPO market [J]. Journal of Financial Economics, 1989, 23 (2): 303-323.

[289] Amihud Y, Hauser S, Kirsh A. Allocations, Adverse Selection and Cascades in IPOs: Evidence from the Tel Aviv Stock Exchange [J]. Journal of Financial Economics, 2003, 68 (1): 137-158.

[290] Anthony E. Boardman, Claude Laurin. Factors affecting the stock price performance of share issued privatizations [J]. Applied Economics, 2000, 32 (11): 1451-1464.

[291] Arora N, Singh B. Do prestigious underwriters shape the performance of SME IPOs in india? [J]. Global Business Review, 2020.

[292] Asquith D, Jones J D, Kieschnick R. Evidence on price stabilization and underpricing in early IPO returns [J]. Journal of Finance, 1998, 53 (4): 1759-1773.

[293] Autore D M, Boulton T J, Smart S B. The impact of institutional quality on initial public offerings [J]. Journal of Economics and Business, 2014, 73: 65-96.

[294] Bajo E, Raimondo C. Media sentiment and IPO underpricing [J]. Journal of Corporate Finance, 2017, 46: 139-153.

[295] Barber B, Odean T. All that glitters: The effect of attention and news on the buying behavior of individual and institutional investors [J]. Review of Financial Studies, 2008, 21 (2): 785-818.

[296] Battese G E, Coelli T J. A model for technical inefficiency effects in a stochastic frontier production function for panel data [J]. Empirical Economics, 1995, 20 (2): 325-332.

［297］ Beatty R P, Ritter J R. Investment banking, reputation, and the underpricing of initial public offerings ［J］. Journal of Financial Economics, 1986, 15 (1-2): 213-232.

［298］ Benveniste L M, Busaba W Y. Bookbuilding vs. Fixed Price: An a-nalysis of competing strategies for marketing IPOs ［J］. Journal of Financial and Quantitative Analysis, 1997, 32 (4): 383-403.

［299］ Benveniste L M, Spindt P A. How investment bankers determine the offer price and allocation of new issues ［J］. Journal of Financial Economics, 1989, 24 (2): 343-361.

［300］ Benveniste L M, Wilhelm W J. A comparative analysis of IPO pro-ceeds under alternative regulatory environments ［J］. Journal of Financial Eco-nomics, 1990, 28 (1): 173-207.

［301］ Benveniste L M, Spindt P A. How investment bankers determine the offer price and allocation of new issues ［J］. Journal of Financial Economics, 1989, 24 (2): 343-361.

［302］ Booth J R, Chua L. Ownership dispersion, costly information, and IPO underpricing ［J］. Journal of Financial Economics, 1996, 41 (2): 291-310.

［303］ Bradley D J, Jordan B D, Yi H C, Roten I C. Venture capital and IPO lockup expiration: An empirical analysis ［J］. Journal of Financial Research, 2001, 24 (4): 465-494.

［304］ Brau J C, Couch R B, Sutton N K. The desire to acquire and IPO long-run underperformance ［J］. The Journal of Financial and Quantitative Anal-ysis, 2012, 47 (3): 493-510.

［305］ Brav A, Geczy C, Gompers P A. Is the abnormal return following equity issuances anomalous? ［J］. Journal of Financial Economics, 2000, 56 (2): 209-249.

［306］ Brav A, Gompers P. Insider trading subsequent to initial public offer-ings: Evidence from expirations of lock-up provisions ［J］. Available at SSRN 204094, 2000.

［307］ Camerer C. Bubbles and fads in asset prices ［J］. Journal of Economic Surveys, 1989, 3 (1): 3-41.

［308］ Campbell C J, Cowan A R, Salotti V. Multi-country event-study methods [J]. Journal of Banking & Finance, 2010, 34 (12): 3078-3090.

[309] Carhart M M. On persistence in mutual fund performance [J]. The Journal of Finance, 1997, 52 (1): 57-82.

[310] Carter R, Manaster S. Initial Public Offerings and Underwriter Reputation [J]. The Journal of Finance, 1990, 45 (4): 1045-1067.

[311] Chahine S, Colak G, Hasan I, et al. Investor relations and IPO performance [J]. Review of Accounting Studies, 2020, 25 (2): 474-512.

[312] Chan P T, Walter T. Investment performance of "environmentally-friendly" firms and their initial public offers and seasoned equity offers [J]. Journal of Banking & Finance, 2014, 44: 177-188.

[313] Chan Y. How does retail sentiment affect IPO returns? Evidence from the internet bubble period [J]. International Review of Economics & Finance, 2014, 29: 235-248.

[314] Chang Y, Kwon Y. Attention-grabbing IPOs in early stages for IT firms: An empirical analysis of post-IPO performance [J]. Journal of Business Research, 2020, 109: 111-119.

[315] Chen Y, Goyal A, Veeraraghavan M, et al. Media coverage and IPO pricing around the world [J]. Journal of Financial and Quantitative Analysis, 2020, 55 (5): 1515-1553.

[316] Chen Y, Wang Q. Research on relationship between "Direct Investment + Sponsor" mode and IPO pricing efficiency [J]. Modern Economy, 2018, 9 (2): 263-277.

[317] Coelli T J. Measurement of Total Factor Productivity Growth and Biases in Technological Change in Western Australian Agriculture [J]. Journal of Applied Econometrics, 1996, 11 (1): 77 - 91.

[318] Cornelli F, Goldreich D, Ljungqvist A. Investor sentiment and pre-IPO markets [J]. The Journal of Finance, 2006, 61 (3): 1187-1216.

[319] Cornelli F, Goldreich D. Bookbuilding and strategic allocation [J]. The Journal of Finance, 2001, 56 (6): 2337-2369.

[320] Czapiewski L, Lizinska J. Explanatory power of pre-issue financial strength for long-term market performance: Evidence from initial equity offerings on an emerging market [J]. International Journal of Financial Studies, 2019, 7 (1).

［321］ Degeorge F. Can underwriter price support explain high first-day IPO returns? ［J］. Francois Degeorge, 1993.

［322］ Derrien F, Womack K L. Auctions vs. bookbuilding and the control of underpricing in hot IPO markets ［J］. Review of Financial Studies, 2003, 16 (1): 31-61.

［323］ Dewenter K L, Malatesta P H. State-owned and privately owned firms: an empirical analysis of profitability, leverage, and labor intensity ［J］. American Economic Review, 2001, 91 (1): 320-334.

［324］ Dionysiou D. Choosing among alternative long-run event-study techniques ［J］. Journal of Economic Surveys, 2015, 29 (1): 158-198.

［325］ Drake, P. D., Vetsuypens, M. R.. IPO underpricing and insurance againstlegal liability ［J］. Financial Management, 1993 (22): 64-73.

［326］ Durnev A, Morck R, Yeung B. Value-enhancing capital budgeting and firm-specific stock return variation ［J］. The Journal of Finance, 2005, 59 (1): 65-105.

［327］ Ecker F. Information Precision and long-run performance of initial public offerings ［J］. Contemporary Accounting Research, 2014, 31 (3): 876-910.

［328］ Edelen R M, Kadlec G B. Comparable-firm returns, issuer surplus, and the pricing and withdrawal of IPOs ［J］. Unpublished working paper, University of Pennsylvania, Philadelphia, PA, 2002.

［329］ Fama E F, French K R. A five-factor asset pricing model ［J］. Journal of Financial Economics, 2015, 116 (1): 1-22.

［330］ Fama E F, French K R. Common risk factors in the returns on stocks and bonds ［J］. Journal of Financial Economics, 1993, 33 (1): 3-56.

［331］ Fama E F. Market efficiency, long-term returns, and behavioral Finance ［J］. Journal of Financial Economics, 1998, 49 (3): 283-306.

［332］ Farrell M J. The measurement of productive efficiency ［J］. Journal of the Royal Statistical Society: Series A (General), 1957, 120 (3): 253-281.

［333］ Feng X, Johansson A C, Zhang T. Political participation and entrepreneurial initial public offerings in China ［J］. Journal of Comparative Economics, 2014, 42 (2): 269-285.

［334］ Field L C, Hanka G. The expiration of IPO share lockups ［J］. The Journal of Finance, 2002, 56 (2): 471-500.

［335］ Gao S, Meng Q, Chan J. Cognitive reference points, institutional investors' bid prices, and IPO pricing: Evidence from IPO auctions in China ［J］. Journal of Financial Markets, 2018, 38: 124-140.

［336］ Gao Y. What comprises IPO initial returns: Evidence from the Chinese market ［J］. Pacific-Basin Finance Journal, 2010, 18 (1): 77-89.

［337］ Gompers P A, Lerner J. The really long-run performance of initial public offerings: the pre - NASDAQ evidence ［J］. The Journal of Finance, 2003, 58 (4): 1355-1392.

［338］ Grinblatt M, Hwang C Y. Signalling and the pricing of new issues ［J］. The Journal of Finance, 1989, 44 (2): 393-420.

［339］ Huang W, Li J, Zhang Q. Information asymmetry, legal environment, and family firm governance: Evidence from IPO underpricing in China ［J］. Pacific-Basin Finance Journal, 2019, 57.

［340］ Hussein M, Zhou Z, Deng Q. Does risk disclosure in prospectus matter in ChiNext IPOs' initial underpricing? ［J］. Review of Quantitative Finance and Accounting, 2020, 54 (3): 957-979.

［341］ Ibbotson R G. Price performance of common stock new issues ［J］. Journal of Financial Economics, 1975, 2 (3): 235-272.

［342］ Jain BA, Kini O. The post-issue operating performance of IPO firms ［J］. Journal of Finance, 1994, 49 (5): 1699-1726.

［343］ Keloharju M. The winner's curse, legal liability, and the long-run price performance of initial public offerings in Finland ［J］. Journal of Financial Economics, 1993, 34 (2): 251-277.

［344］ Kirkulak B, Davis C. Underwriter reputation and underpricing: Evidence from the Japanese IPO market ［J］. Pacific - Basin Finance Journal, 2005, 13 (4): 451-470.

［345］ Kolari J W, Pynnonen S. Event study testing with cross - sectional correlation of abnormal returns ［J］. Review of Financial Studies, 2010, 23 (11): 3996-4025.

［346］ Kolari J W, Pynnonen S. Nonparametric rank tests for event studies ［J］. Journal of Empirical Finance, 2011, 18 (5): 953-971.

［347］Krigman L, Shaw W H, Womack K L. The persistence of IPO mis-pricing and the predictive power of flipping ［J］. The Journal of Finance, 1999, 54（3）：1015-1044.

［348］La Rocca T. Do prestigious underwriters shape IPO pricing? A meta-analytic review ［J］. Review of Managerial Science, 2019：1-37.

［349］Lee P J, Taylor S L, Walter T S. Australian IPO pricing in the short and long run ［J］. Journal of Banking & Finance, 1996, 20（7）：1189-1210.

［350］Levis M. The long-run performance of initial public offerings：the UK experience 1980-1988 ［J］. Financial Management, 1993, 22（1）：28-41.

［351］Ljungqvist A, Nanda V, Singh R. Hot markets, investor sentiment, and IPO pricing ［J］. Journal of Business, 2001, 79（4）：1667-1702.

［352］Ljungqvist A, Wilhelm Jr W J. IPO pricing in the dot-com bubble ［J］. The Journal of Finance, 2003, 58（2）：723-752.

［353］Logue D E. On the pricing of unseasoned equity issues：1965-1969 ［J］. Journal of Financial and Quantitative Analysis, 1973, 8（1）：91-103.

［354］Logue D. Premia on unseasoned equity issues, 1965-1969 ［J］. Journal of Economics and Business, 1973, 25：133-141.

［355］Loughran T, Ritter J R. The new issues puzzle ［J］. The Journal of Finance, 1995, 50（1）：23-51.

［356］Loughran T, Ritter J R, Rydqvist K. Initial public offerings：International insights ［J］. Pacific-Basin Finance Journal, 1994, 2（2-3）：165-199.

［357］Loughran T, Ritter J. Why has IPO underpricing changed over time? ［J］. Financial Management, 2004：5-37.

［358］Lowry M, Shu S. Litigation risk and IPO underpricing ［J］. Journal of Financial Economics, 2002, 65（3）：309-335.

［359］Lowry M, Schwert G W. Is the IPO pricing process efficient? ［J］. Journal of Financial Economics, 2004, 71（1）：3-26.

［360］Luoma T. A sign test of cumulative abnormal returns in event studies based on generalized standardized abnormal returns ［J］. Social Science Electronic Publishing, 2011：1-50.

［361］Lyon J D, Barber B M, Tsai C L. Improved methods for tests of long-run abnormal stock returns [J]. Journal of Finance, 1999, 54 (1): 165-201.

[362] Markowitz H. Portfolio Selection [J]. The Journal of Finance, 1952, 7 (1): 77-91.

[363] Marschak J. Money and the theory of assets [J]. Econometrica, 1938, 6 (4): 311-325.

[364] McChesney F S. Rent extraction and rent creation in the economic-theory of regulation [J]. Journal of Legal Studies, 1987, 16 (1): 101-118.

[365] Mello A S, Parsons J E. Going public and the ownership structure of the firm [J]. Journal of Financial Economics, 1998, 49 (1): 79-109.

[366] Michel A, Oded J, Shaked I. Ownership structure and performance: Evidence from the public float in IPOs [J]. Journal of Banking & Finance, 2014, 40: 54-61.

[367] Michel J. Return on recent VC investment and long-run IPO returns [J]. Entrepreneurship Theory and Practice, 2014, 38 (3): 527-549.

[368] Mikkelson W H, Partch M M, Shah K. Ownership and operating performance of companies that go public [J]. Journal of Financial Economics, 1997, 44 (3): 281-307.

[369] Miller E. Long run underperformance of initial public offerings: an explanation [Z]. University of New Orleans, Department of Economics and Finance, 2000.

[370] Mok H M K. Underpricing and aftermarket performance of IPOs in Shanghai, China [J]. Pacific-Basin Finance Journal, 1998, 6 (5): 453-474.

[371] Morck R, Yeung B, Yu W. The information content of stock markets: Why do emerging markets have synchronous stock price movements? [J]. Journal of Financial Economics, 2000, 58 (1-2): 215-260.

[372] Mumi A, Obal M, Yang Y. Investigating social media as a firm's signaling strategy through an IPO [J]. Small Business Economics, 2019, 53 (3): 631-645.

[373] Neuberger B M, Hammond C T. A study of underwriters' experience with unseasoned new issues [J]. Journal of Financial and Quantitative Analysis, 1974, 9 (2): 165-177.

［374］Ong C Z, Mohd-Rashid R, Taufil-Mohd K N. Do institutional investors drive the IPO valuation? ［J］. Borsa Istanbul Review, 2020, 20 (4): 307-321.

［375］Paudyal K, Saadouni B, Briston R J. Privatisation initial public offerings in Malaysia: Initial premium and long-term performance ［J］. Pacific-Basin Finance Journal, 1998, 6 (5): 427-451.

［376］Pettway R H, Kaneko T. The effects of removing price limits and introducing auctions upon short-term IPO returns: The case of Japanese IPOs ［J］. Pacific-Basin Finance Journal, 1996, 4 (2): 241-258.

［377］Purnanandam A K, Swaminathan B. Are IPOs really underpriced? ［J］. Review of Financial Studies, 2004, 17 (3): 811-848.

［378］Reilly F K. Further evidence on short-run results for new issue investors ［J］. Journal of Financial and Quantitative Analysis, 1973: 83-90.

［379］Reuer J, Tong T, Wu C. A signaling theory of acquisition premiums: Evidence from IPO targets ［J］. Academy of Management Journal, 2012, 55 (3): 667-683.

［380］Ritter J R. The long-run performance of initial public offerings ［J］. The Journal of Finance, 1991, 46 (1): 3-27.

［381］Ritter J R. The "hot issue" market of 1980 ［J］. Journal of Business, 1984: 215-240.

［382］Ritter J R, Welch I. A review of IPO activity, pricing, and allocations ［J］. The Journal of Finance, 2002, 57: 1795-1828.

［383］Rock K. Why new issues are underpriced ［J］. Journal of Financial Economics, 1986, 15 (1): 187-212.

［384］Ross S A. Options and efficiency ［J］. The Quarterly Journal of Economics, 1976, 90 (1): 75-89.

［385］Rund J S. Underwriter price support and the IPO underpricing puzzle ［J］. Journal of Financial Economics, 1993, 34: 135-151.

［386］Rydqvist K. IPO underpricing as tax-efficient compensation ［J］. Journal of Banking and Finance, 1997, 21: 295-313.

［387］Sapusek A. Benchmark-sensitivity of IPO long-run performance: an empirical study for Germany ［J］. Schmalenbach Business Review, 2000, 52: 374-405.

[388] Schlag C, Wodrich A. Has there always been underpricing and long-run underperformance? - IPOs in Germany before World War I [J]. Ssrn Electronic Journal, 2000.

[389] Schultz P. Pseudo market timing and the long-run underperformance of IPOs [J]. The Journal of Finance, 2003, 58 (2): 483-518.

[390] Shen Z, Coakley J, Instefjord N. Investor participation and underpricing in lottery - allocated Chinese IPOs [J]. Pacific - Basin Finance Journal, 2013, 25: 294-314.

[391] Shiller R J. Speculative prices and popular models [J]. The Journal of Economic Perspectives, 1990, 4 (2): 55-65.

[392] Spatt C, Srivastava S. Preplay communication, participation restrictions, and efficiency in initial public offerings [J]. Review of Financial Studies, 1991, 4 (4): 709-726.

[393] Stoll H R, Curley A J. Small business and the new issues market for equities [J]. Journal of Financial and Quantitative Analysis, 1970, 5 (3): 309-322.

[394] Stoughton N M, Zechner J. IPO-mechanisms, monitoring and ownership structure [J]. Journal of Financial Economics, 1998, 49 (1): 45-77.

[395] Taranto M A. Employee stock options and the underpricing of initial public offerings [J]. Available at SSRN 479901, 2003.

[396] Thomadakis S, Nounis C, Gounopoulos D. Long-term performance of Greek IPOs [J]. European Financial Management, 2012, 18 (1): 117-141.

[397] Tian L. Regulatory underpricing: Determinants of Chinese extreme IPO returns [J]. Journal of Empirical Finance, 2011, 18 (1): 78-90.

[398] Jewartowski T, Lizińska J. Short - and long - term performance of Polish IPOs [J]. Emerging Markets Finance and Trade, 2012, 48 (2): 59-75.

[399] Tong W, Wong M. Does reputation of sponsors matter in IPO? Evidence from Hong Kong [J]. Frontiers of Business Research in China, 2020, 14 (1).

[400] Wang R, Wu C. Politician as venture capitalist: Politically - connected VCs and IPO activity in China [J]. Journal of Corporate Finance,

2020，64.

　　［401］ Wasserfallen W，Wittleder C. Pricing initial public offerings：Evidence from Germany ［J］. European Economic Review，1994，38（7）：1505-1517.

　　［402］ Welch I. Seasoned offerings，imitation costs，and the underpricing of initial public offerings ［J］. The Journal of Finance，1989，44（2）：421-449.

　　［403］ Yook K C. Long-run stock performance following stock repurchases ［J］. The Quarterly Review of Economics and Finance，2010，50（3）：323-331.

致　谢

　　本书研究内容是基于本人博士学位论文的研究，不断深化，经过反复修改，历时近四年最终形成此书，可以说是历尽艰辛。本书的研究得到了赵昌文教授、何佳教授的悉心指导，他们虽然工作繁忙，但在治学育人方面要求严格、认真，不仅当面给予我学术指导，而且多次帮助亲自修改本书。正是他们这种学术上的博大情怀，以及对我的点点滴滴的关心和无私的关怀，给予我莫大的勇气出版此书。总之，师恩之情，难以言表。

　　此外，本书的研究也得益于四川大学中国科技金融研究中心、科技金融与数理金融四川省重点实验室的同事们的研讨与帮助，他们是毛道维教授、黄南京教授、杜江教授、唐英凯教授、李昆教授、陈春发教授、杨记军教授、吴萌教授、杨安华副教授、王军副教授、曹麒麟副教授、张伟科副教授等。同时，在本书完成期间，博士生何春明、江海南、毛有佳、谢正娟、刘诗园、秦雨桐等，硕士生王彬、王美琪等也帮助我承担了大量的文献整理、资料搜集、数据收集与处理等具体的工作。在此，谨向所有指导、关心和帮助我的老师、同学们致以最衷心的感谢！

　　本书研究的完成，也要感谢我所在单位的全体同事们对我的理解和支持，尤其在工作中对我的支持与具体任务的分担！本书得以顺利出版也要感谢中国金融出版社吕楠编辑的帮助与付出。

　　最后，还要感谢我的妻子、儿子对我的支持与理解，使我能够有时间从事研究与写作，直至本书的完成。

肇启伟
2021 年 5 月于成都